लोकसंस्कृति में राष्ट्रवाद

लोकसंस्कृति में राष्ट्रवाद

बद्री नारायण

लोकभारती प्रकाशन

लोकभारती प्रकाशन
पहली मंजिल, दरबारी बिल्डिंग, महात्मा गांधी मार्ग
प्रयागराज-211 001
वेबसाइट : www.lokbhartiprakashan.com
ईमेल : info@lokbhartiprakashan.com

शाखाएँ : 1-बी, नेताजी सुभाष मार्ग, दरियागंज
नई दिल्ली-110 002
अशोक राजपथ, साइंस कॉलेज के सामने
पटना-800 006
1, अनमोल सोराबजी सन्तुक लेन, मरीन लाइंस
मुम्बई-400002

पहला संस्करण : 1996
चौथा संस्करण : 2025

विकास कंप्यूटर एंड प्रिंटर्स
ट्रॉनिका सिटी-201 102 द्वारा मुद्रित

LOKSANSKRITI MEIN RASHTRAVAD
by Badri Narayan

ISBN : 978-81-8031-573-2

मूल्य : ₹495

माँ को

अनुक्रम

आभार

यह 'मोनोग्राफ' क्योंकि एक सामूहिक अन्त:संवाद की उपज है, इसलिए मैं भोजपुरी अंचल की उन समस्त जनता के प्रति ऋणी हूँ, जो लोकसंस्कृति की रचनाकार हैं। मैं उन सब लोगों का आभारी हूँ, जिन्होंने मुझे साक्षात्कार दिये, मुहावरे, कहावतें, लोकोक्तियाँ, लोकगीत तथा विवरण अपनी स्मृतियों से सुनाए। मैं विशेषत: सीताराम पुस्तकालय, ग्राम-जनई डीह, जिला भोजपुर के सचिव रामजी तिवारी का आभारी हूँ, जिन्होंने मुझे निर्धिनराम द्वारा कैथी लिपि में हस्तलिखित रामायण उपलब्ध कराई। कठिन एवं चुनौतीपूर्ण क्षेत्रीय अध्ययन में सहायता के लिए मैं मुकेश और विनोद का आभारी हूँ।

मैं प्रो. श्यामाचरण दुबे, प्रो. एस. पी. नगेन्द्र द्वारा समय-समय पर दिये जानेवाले प्रोत्साहन एवं ज्ञान के लिए उनका ऋणी हूँ।

मैं प्रो. ज्ञानेन्द्र पांडेय (दिल्ली विश्वविद्यालय) का विशेष रूप से आभारी हूँ, जिन्होंने इस शोधकार्य में मुझे अन्तर्दृष्टि प्रदान की। मैं उनका ऋणी हूँ कि उन्होंने मुझे विचार-विमर्श के रूप में अपना बहुमूल्य समय प्रदान किया।

मैं प्रो. राधेश्याम जी का ऋणी हूँ। अपने विभाग के अन्य शिक्षकों प्रो. रेखा जोशी, प्रो. सी.पी.झा, प्रो. लालबहादुर वर्मा, डॉ. सुशील श्रीवास्तव, डॉ. एन.आर. फारूकी, वी.सी. पांडेय, डॉ. हेरम्ब चतुर्वेदी, ललित जोशी का आभारी हूँ, जिन्होंने सदैव मेरा उत्साहवर्धन किया।

प्रो. सुधीर चन्द्र, कपिल कुमार, पार्थ चटर्जी का मैं आभारी हूँ, जिन्होंने इसे प्रकाशित कराने के लिए मुझे उत्साहित किया। मैं उस समस्त बौद्धिक समाज के प्रति आभार व्यक्त करता हूँ, जिसने कभी भी, किसी भी क्षण मुझसे इस विषय पर विचार-विमर्श किया।

इस कार्य के दौरान मेरे पिता श्री युगलकिशोर तिवारी जी ने सदैव मुझे सम्बल प्रदान किया, माँ ने स्नेह।

—बद्रीनारायण

प्रस्तावना

यह मोनोग्राफ मूलतः 'लोकसंस्कृति में राष्ट्रवाद' पर केन्द्रित है। भोजपुरी परिक्षेत्र से जुड़े होने के कारण मैंने सुविधावश भोजपुरी लोकसंस्कृति को ही अपना आधार बनाया है। इसमें प्राथमिक तथा द्वितीय, लिखित तथा मौखिक दोनों प्रकार की स्रोत-सामग्रियों का उपयोग किया गया है। इसमें अन्तःअनुशासनिक तकनीकों एवं प्रविधियों का उपयोग किया गया है। इसमें मैंने मौखिक इतिहास की उपलब्ध प्रविधि को विकसित करने का प्रयास किया है।

यह अध्ययन छह खंडों में विभाजित है :

1. राष्ट्रवाद का प्रमेय,
2. इतिहास-लेखन और लोकसंस्कृति,
3. रचना का काल (1857-1900 ई.) / लोक सजगता एवं सुखदेव भगत की संघटना का वृत्तान्त,
4. विरचना का काल (1900-1920 ई.) / लोकसंस्कृति में स्वीकार और बहिष्कार : निर्धिनराम की गाथा,
5. पुनर्रचना का काल (1920-1947 ई.) / लोकचेतना की क्रियात्मक क्षमता का पुनर्निर्माण और कवि कैलाश का सन्दर्भ, तथा
6. निष्कर्ष।

इस अध्ययन की कई सीमाएँ हैं। कुछ सीमाएँ विषयजनित हैं, कुछ का भागी मैं स्वयं हूँ। लोकसंस्कृति की सम्पदा अनन्त है। सबको शोध की सीमा में बाँधना कठिन है। इसलिए 'बहुत

कुछ' के प्रति, जिसका मैं इस ढाँचे में अध्ययन नहीं कर पा रहा हूँ, ललक बरकरार है।

शोध को एक ढाँचा प्रदान करने के लिए मैंने तीन लोककवियों पर अपना ध्यान केन्द्रित किया है। वे तीनों लोकचेतना के तीन कालखंडों में प्रतिनिधि हैं। लोकसंस्कृति के कुछ अन्य रूपों का उपयोग मैंने अध्याय 'इतिहास-लेखन और लोकसंस्कृति' में किया है। इस अध्याय में सन सत्तावन के गदर की झलक भी शामिल है। लोकसंस्कृति को समय में बाँधने के कारण भी इस अध्ययन की कई सीमाएँ बन गई हैं।

मौखिक स्रोत सामग्री की सीमाओं को स्वीकारते हुए मेरा यह प्रयास अत्यन्त विनम्रतापूर्वक पाठकों के सामने प्रस्तुत है।

—लेखक

वेस्टइंडीज़ के किसी विचारक ने एक बार कहा था कि भाषा का चुनाव अपने लिए एक दुनिया का चुनाव करना होता है और हालाँकि मैं किसी दुनिया के ऊपर भाषा के कल्पित प्रभुत्व को नहीं मानता, पर भाषा का चुनाव करते समय ही किसी साहित्यकार के सामने खड़े सबसे अहम सवाल का जवाब मिल जाता है कि मैं किसके लिए लिख रहा हूँ? मेरा पाठक कौन है।

अगर केन्या का कोई लेखक अंग्रेजी में लिखता है तो बेशक उसका कथ्य कितना भी क्रान्तिकारी क्यों न हो, वह निश्चय ही केन्या के किसानों, मजदूरों तक नहीं पहुँच पाता और न उसका इनके साथ सीधा संवाद ही बन पाता है।

—न्गूगी वा थ्यांगो

प्रथम अध्याय

राष्ट्रवाद का प्रमेय

पूरब की ओर देखो : गंगा के किनारे ये जो काले आदमी हैं, वे तुम्हारे अत्याचारी साम्राज्य को उसकी जड़ समेत हिला देंगे।

—बायरन, द कर्स ऑफ मिनारवा

राष्ट्रवाद का प्रमेय अत्यन्त दु:साध्य है। इसकी परिकल्पना एवं अवधारणा के स्तर पर ही कई समस्याएँ एवं विवाद हैं। इतिहासकार सतत इसके अध्ययन के लिए नए प्रयोग, प्रविधि एवं तकनीक का विकास कर रहे हैं। एक ओर, विचार एवं विचारों के मध्य विवाद इसके नए रूपों को समझने में सहयोग कर रहे हैं, दूसरी ओर आधुनिक इतिहासकारों के नए शोध, इसकी व्यापकता एवं बहुविध पक्षों को सामने ला रहे हैं।

राष्ट्रवाद की अवधारणा की प्रविधि का विकास करते हुए अपने एक शोधपरक लेख में जॉन प्लामेंटाज (John Plamentaj) ने दो प्रकार की राष्ट्रीयता की व्याख्या की है।[1] दोनों में ही राष्ट्रीयता अपने मूलभूत चरित्र में एक सांस्कृतिक संघटना है, यद्यपि ये प्राय: राजनीतिक स्वरूप ग्रहण कर लेते हैं। इनमें से एक प्रकार की राष्ट्रीयता पाश्चात्य है, जो मूलरूप से पश्चिमी यूरोप में विकसित हुई है और दूसरी पूर्वीय-जो पूर्वी यूरोप, एशिया, अफ्रीका और लैटिन अमेरिका में पाई जाती है। दोनों ही प्रकार की राष्ट्रीयता कुछ सामान्य प्रतिमानों के स्वीकरण पर आश्रित हैं-जिनके द्वारा किसी विशिष्ट राष्ट्रीय संस्कृति के उत्थान का मूल्यांकन होता है।

पूर्वीय राष्ट्रीयता उन लोगों के मध्य जन्मी है जो कि एक ऐसी सभ्यता की ओर खींच लाए गए हैं और जिनके पूर्वजों की संस्कृति ने इस नवीन सभ्यता की उपदेशीय एवं प्रभावशाली शर्तों को अपने सन्दर्भ में अनुकूलित

नहीं किया है। उन लोगों ने भी अपने राष्ट्रों के पिछड़ेपन का मूल्यांकन पश्चिमी यूरोप के विकसित देशों द्वारा ही निर्धारित कुछ निश्चित, सार्वभौम और विश्वव्यापी मूल्यों के आधार पर किया है। किन्तु स्पष्टतया यहाँ यह बोध भी है कि ये मूल्य एक पराई संस्कृति से आए हैं और राष्ट्र की पारम्परीण संस्कृति इतना सम्बल नहीं प्रदान करती कि विकास के आधार तलों को छुआ जा सके। पूर्व की राष्ट्रीयता के साथ एक ऐसा प्रयास भी जुड़ा रहा है जो परिवर्तन के लिए राष्ट्र को सांस्कृतिक रूप से पुनर्निर्मित कर सके। लेकिन यह उस पराई संस्कृति की नकल मात्र से सम्भव नहीं है। ऐसी स्थिति में एक राष्ट्र अपनी विशिष्ट अस्मिता ही खो बैठेगा। अत: यह एक ऐसी राष्ट्रीय संस्कृति के पुनरुद्धार की खोज थी जो विकास के पश्चिमी प्रतिमानों के अनुकूल तो हो पर अपनी विशिष्टता और अस्मिता भी सुरक्षित रख सके।

यह प्रयास अन्तर्विरोधी है—क्योंकि यह जिस प्रतिरूप का नकल करता है, उसी का विरोधी भी है। इसके भीतर कहीं एक अस्वीकार की भावना भी छिपी है, वस्तुत: यह दो तरह के अस्वीकारों की संगति है जो अत्यन्त द्वैधपूर्ण है—उस पराए घुसपैठिए और शासक का अस्वीकार, जिसका अनुकरण करना है और उन पारम्परिक युक्तियों का त्याग, जो राष्ट्रों के उत्थान में बाधक हैं, किन्तु वे अस्मिता के स्मृति चिह्न भी हैं। यह द्वैध वृत्ति अत्यन्त विस्मयकारी और विक्षुब्ध करनेवाली है। पूर्वीय राष्ट्रवाद अत्यन्त विक्षोभपूर्ण और उभयभावी है।

अपने अन्य लेखों की भाँति प्लामेंटाज का यह लेख वैसा गहन व्याख्या और तीव्र विवाद तो प्रस्तुत नहीं करता है, फिर भी यह पर्याप्त स्पष्टता के साथ राष्ट्रीयता के विचार के उदार-राष्ट्रवादी की द्विविधा को अभिव्यक्त करता है। इस प्रकार की द्विविधा राष्ट्रवाद के उदारवादी इतिहास में दृष्टिगोचर होती है—मुख्यतया हान्स कोन (HANS KON) के लेखन में।[2]

इस शैली का इतिहास-लेखन राष्ट्रवाद को स्वतन्त्रता की गाथा के रूप में चित्रित करता है। इसका उद्‌भव सार्वभौम इतिहास की अवधारणा के जन्म के साथ ही हुआ, और इसका विकास उस ऐतिहासिक प्रक्रिया का ही एक अंग है, जिसके अन्तर्गत औद्योगिकीकरण और लोकतन्त्र का

उदय हुआ। अतः राष्ट्रवाद स्वतन्त्रता और विकास के लिए विश्वव्यापी आग्रह का राजनीतिक अर्थों में रूपान्तरण एवं आत्मसातीकरण करता है। स्वतन्त्रता की उसी गाथा के अविच्छिन्न हिस्से के रूप में राष्ट्रवाद को विवेकपूर्ण और उच्च राजनीतिक लक्ष्यों की उपलब्धि के लिए युक्तिमूलक सैद्धान्तिक ढाँचे के रूप में परिभाषित किया जा सकता है।[3] किन्तु अर्वाचीन इतिहास में राष्ट्रवाद की अवस्थिति ऐसी कतई नहीं रही है। यह अब तक के सर्वाधिक संहारकारी युद्ध का कारण रहा है। इसने नाजीवादी और फासीवादी अत्याचारों एवं नृशंसता को एक प्रकार की वैधता प्रदान की, यह उपनिवेशों में जातीय विद्वेष का सैद्धान्तिक आधार बन गया है और इसने सर्वाधिक अविवेकपूर्ण पुनरुत्थान आन्दोलनों एवं समकालीन विश्व के दमनकारी राजनीतिक शासनों को जन्म दिया है। वस्तुतः ऐसे पर्याप्त प्रमाण हैं जो राष्ट्रवाद और स्वतन्त्रता की अवधारणा को बहुधा असंगत दर्शाते हैं।[4]

मार्क्स ने भी राष्ट्रवाद की अवधारणा पर अपने लेखन में विचार किया है। उन्होंने अपने चिन्तन में राष्ट्रवाद को कभी एक सैद्धान्तिक समस्या के रूप में नहीं देखा।[5] इस विषय में अधिकांश विवाद और निष्कर्ष उनके द्वारा अपने बेहद सक्रिय राजनीतिक जीवन और लेखन-कार्य के दौरान की गई टिप्पणियों पर आधारित हैं।

द्वितीय एवं तृतीय इंटरनेशनल में इस प्रश्न की विशद चर्चा है। इसमें सर्वाधिक महत्त्वपूर्ण योगदान लेनिन का है, जिन्होंने एक विराट बहुजातीय राष्ट्र में क्रान्ति का नेतृत्व करते हुए राजनीतिक लोकतन्त्र को राष्ट्रवाद की मार्क्सवादी व्याख्या में मूलतत्त्व के रूप में देखा। किन्तु लेनिन के विचार राष्ट्रवाद के सैद्धान्तिक आधारों की रचना की ओर परिलक्षित नहीं थे।

होरेस वी. डेविस ने इन विवादों का सार संकलन किया है। वे भी दो प्रकार के राष्ट्रवाद की अवधारणा को स्वीकार करते हैं-प्रथम, प्रबुद्धता का राष्ट्रवाद जो मूलतः भावात्मक होने की जगह तार्किक है; और द्वितीय, संस्कृति और परम्परा पर आधारित राष्ट्रवाद जिसे फ़िख़्टे और हर्डर जैसे जर्मन रोमांटिक लेखकों द्वारा विकसित किया गया है।[6]

गैर-यूरोपीय विश्व में राष्ट्रवाद का स्वरूप क्या है? यहाँ यह प्रश्न अत्यन्त विचारणीय है। यहाँ राष्ट्रवाद ऐतिहासिक दृष्टि से उपनिवेशवाद

के प्रश्न से सम्बद्ध है। राष्ट्रीय अस्मिता पर बल वस्तुतः उपनिवेशवादी शोषण के विरुद्ध संघर्ष के रूप में था।

बेनेडिक्ट एंडरसन राष्ट्रवाद को बाह्य और अमूर्त मानदंडों पर परिभाषित करने से इनकार करते हैं। इसके विपरीत वे किसी भी स्थिर एवं रूढ़िबद्ध धारणा को आमूल नष्ट करने का प्रयास राष्ट्रवाद को एक काल्पनिक राजनीतिक समूह बताकर करते हैं।[7]

सामान्य दृष्टि में उपर्युक्त व्याख्या गेलनर की अवधारणा के निकट प्रतीत होती है—"राष्ट्रवाद राष्ट्रों की आत्मचेतना का बोध नहीं है; यह राष्ट्र को वहाँ विष्कृत करता है जहाँ वस्तुतः वे अस्तित्व में नहीं होते।"[8] ऐतिहासिक दृष्टि से तीन विशिष्ट प्रकार के राष्ट्रवाद उभरे, प्रथम-अमेरिका में उभरा राष्ट्रवाद-यह राष्ट्रवाद उन वर्गों की महत्त्वाकांक्षाओं पर टिका था जिनके आर्थिक उद्‌देश्य महानगरों के विरुद्ध थे। इसने यूरोप से उदारवादी और प्रबुद्ध विचारों को भी लिया जिन्होंने साम्राज्यवाद के विरुद्ध वैचारिक आलोचना को जन्म दिया। एक प्रतिदर्श के रूप में यह राष्ट्रवाद अधूरा ही रहा, क्योंकि इसके पास भाषिक इयत्ता का अभाव था और राज्य का स्वरूप कदाचित साम्राज्यवाद से मिलता-जुलता था।

द्वितीय प्रकार का राष्ट्रवाद-यूरोप का भाषाई राष्ट्रवाद था जो स्वतन्त्र राष्ट्रीय राज्य का प्रतिरूप भी बना।

तृतीय प्रकार का राष्ट्रवाद-राजकीय राष्ट्रवाद से उत्पन्न हुआ, जो रूस में दृष्टिगोचर होता है। इसमें सांस्कृतिक एकरूपता राज्य द्वारा ऊपर से थोपी गई।

राष्ट्रवाद के ये सारे स्वरूप बीसवीं सदी में तृतीय विश्व के राष्ट्रवाद के समक्ष विद्यमान थे।

भारत में राष्ट्रवाद की अवधारणा पर वाद-विवाद

भारत में राष्ट्रवाद की अवधारणा अपनी निर्मिति की प्रक्रिया से ही वाद-विवाद का सामना करती रही है या यूँ कहें, वाद-विवाद की प्रक्रिया से ही इसकी निर्मिति भी सम्भव हो सकी है।

इस वाद-विवाद में महत्त्वपूर्ण हस्तक्षेप मार्क्सवादी इतिहासकारों ने किया। उनके हस्तक्षेप की दिशा मूलतः मार्क्स के 1853 ई. में लिखित लेख भारत में ब्रिटिश शासन पर आधारित थी।[9]

उपर्युक्त विचारपूर्ण एवं तथ्यपूर्ण लेख में कार्ल मार्क्स ने भारत में उपनिवेशवाद एवं राष्ट्रवाद के अदृश्य अन्त:सम्बन्धों को स्पष्ट करते हुए मत व्यक्त किया है कि भारत में एक सामाजिक क्रान्ति आरम्भ करने में इंग्लैंड ने अपने अत्यन्त निम्नकोटि के स्वार्थों को साधा है। उन्होंने इस स्वार्थ-साधन एवं अत्याचार को कहीं न कहीं क्रान्ति लाने में इतिहास के एक अवचेतन अस्त्र के रूप में भी देखने का आग्रह किया है।

अत्यन्त तार्किक एवं बौद्धिक ढंग से भारतीय राष्ट्रवाद की मार्क्सवादी अवधारणा को विकसित करनेवालों की शृंखला में विकासमान समय में अनेक विद्वान अपनी भूमिका का निर्वाह करते रहे।[10]

इस सम्बन्ध में मार्क्सवादी दृष्टि की सीमाओं को उद्घाटित करते हुए पार्थ चटर्जी ने इस इतिहासधारा को भी राष्ट्रवाद के उदारवादी इतिहास की तरह उपाख्यानात्मक माना है।[1]

किन्तु इस मत पर सर्वसम्मति है कि अपने राजनैतिक मतभेदों के बावजूद मार्क्सवादी इतिहासकारों की एक सम्पूर्ण पीढ़ी ने भारत के 19वीं व 20वीं सदी के बौद्धिक इतिहास को प्रतिक्रियावादी और विकासशील शक्तियों का संघर्ष मान राष्ट्रवाद के नए एवं पूर्ण इतिहास के निर्माण के लिए पथ प्रशस्त किया। इस धारा में मूल्यांकन-पुनर्मूल्यांकन, आलोचना-प्रत्यालोचना की तीव्र आकांक्षा थी। इस आकांक्षा ने नए तथ्यों का शोधन किया। भारतीय राष्ट्रवाद के इतिहास में कई बार यह स्पष्ट हुआ कि जो राष्ट्रीय था, वह सदैव धर्मनिरपेक्ष और आधुनिक नहीं था और जो लोकप्रिय तथा लोकतान्त्रिक था, वह कई बार पारम्परिक और गैर-आधुनिक था।[12]

ऐतिहासिक संवाद के क्रम में मार्क्सवादी व्याख्याओं पर कई प्रश्नचिह्न लगाए गए। आधार, संस्कृति और तन्त्र के सम्बन्धों की प्रकृति की पुनर्समीक्षा का आग्रह किया गया। किन्तु ये नए प्रश्न भी मार्क्सवादी ढाँचे के भीतर से ही उद्भूत हुए। उदाहरणार्थ, 19वीं सदी के पुनर्जागरण की मार्क्सवादी अवधारणा की कटु आलोचना करते हुए सुमित सरकार ने

यह लक्षित किया कि मार्क्सवादी विचारकों ने आधुनिक भारतीय चिन्तन के उद्‌भव को पाश्चात्य आधुनिकतावाद और परम्परावाद के बीच संघर्ष के रूप में दिखाते हुए कई विश्लेष्य जटिलताओं को न समझने की भूल की है। सुमित सरकार के अनुसार राममोहन राय का परम्परा से विच्छेद वस्तुतः बौद्धिक धरातल पर ही था न कि मूलभूत सामाजिक परिवर्तनों के तल पर। अपने आर्थिक चिन्तन में उन्होंने स्वतन्त्र व्यापार के प्रचलित तर्क को स्वीकार किया और बंगाल में अंग्रेज व्यापारियों के साथ एक पराश्रित बूर्ज्वा विकास को भी लक्षित किया।[13]

इस संवाद में मुख्य तर्क यह था कि इसके बावजूद कि आधुनिकता के तत्त्व 19वीं सदी के सांस्कृतिक-बौद्धिक आन्दोलन में विद्यमान थे, ये तब तक कोई अर्थवत्ता ग्रहण नहीं कर सकते जब तक कि वे एक तरफ तत्कालीन सामाजिक-आर्थिक रचना और दूसरी तरफ शक्ति के सन्दर्भों से पहचान नहीं लिये जाते हैं। इस तर्कपद्धति, दृष्टि एवं पहचान के बाद राजा राममोहन राय जैसे 19वीं सदी के आधुनिकतावादी प्रणेता की उपलब्धियाँ उच्च हिन्दू मानस और औपनिवेशिक ढाँचे में ही संकुचित प्रतीत होती हैं।

इस प्रकार के विश्लेषण को 19वीं सदी के बाँग्ला समाज-सुधारक ईश्वरचन्द्र विद्यासागर सम्बन्धी अध्ययन में अशोक सेन द्वारा अधिक व्यापक ढंग से विकसित करते हुए भारतीय राष्ट्रवाद के चरणबद्ध पुनर्जागरण का इतिहास रचने का सार्थक प्रयास किया गया।[14]

औपनिवेशिक काल के बौद्धिक इतिहास पर प्रो. के. एन. पनिक्कर द्वारा अत्यन्त तन्मय होकर किए गए अध्ययनों ने पुनर्जागरण की इतिहास रचना को सम्भ्रान्तता प्रदान की है।[15]

भारत में आर्थिक राष्ट्रवाद की अवधारणा के विकास में प्रो. विपिनचन्द्र के शोधपरक अध्ययनों के महत्त्व को स्वीकार किया जाना चाहिए और भारतीय राष्ट्रवाद के इतिहास को एक अन्विति प्रदान करने में प्रो. आर. एल. शुक्ल की भूमिका को भी रेखांकित करने की आवश्यकता है।[16]

भारत में राष्ट्रवाद के इतिहास पर वाद-विवाद में महत्त्वपूर्ण हस्तक्षेप (सब आल्टर्न) अध्ययनों से जुड़े इतिहासकारों ने किया है। प्रो. रणजीत गुहा भारत में राष्ट्रवाद के इतिहास-लेखन की चुनौतियों पर विचार करते

हुए यह मत व्यक्त करते हैं कि भारतीय राष्ट्रवाद का इतिहास-लेखन एक लम्बे अन्तराल से अभिजातवाद के प्रभाव तले रहा है। यह अभिजातवाद दो प्रकारों से उपस्थित रहा है—औपनिवेशिक अभिजातवाद एवं बूर्ज्वा राष्ट्रवादी अभिजातवाद। ये दोनों भारत में अंग्रेजी राज के वैचारिक उपज के रूप में उभरे किन्तु नव-उपनिवेशवादी एवं नव-राष्ट्रवादी वैचारिक बहसों के रूप में भारत और ब्रिटेन में अब भी जीवित हैं। इसके मुख्य प्रणेता ब्रिटिश लेखक और वहाँ के संस्थान रहे हैं। लेकिन इनके पीछे चलनेवाले भारत तथा अन्य देशों में भी हैं। राष्ट्रवादी एवं नव-राष्ट्रवादी इतिहास-लेखन मुख्यतया एक भारतीय चलन है, जिसके अनुरूप काम करनेवाले उदारवादी लेखक ब्रिटेन में और अन्यत्र भी हैं।[17] इस विवाद को और तीव्र करते हुए प्रो. रणजीत गुहा कहते हैं—अभिजातवाद के इन दोनों स्वरूपों की यह पक्षपातपूर्ण धारणा रही है कि भारत का एक राष्ट्र के रूप में निर्माण और इसकी राष्ट्रीय चेतना का विकास आत्यन्तिक रूप से और पूर्णरूपेण अभिजात उपलब्धियाँ रही हैं। जहाँ इसका श्रेय उपनिवेशवादी एवं नव-उपनिवेशवादी इतिहास-लेखकों के यहाँ ब्रिटिश शासकों, प्रशासकों, नीतियों, संस्थानों एवं संस्कृति को है; वहीं राष्ट्रवादी एवं नव-राष्ट्रवादी इतिहास-लेखन में यह श्रेय अभिजात चरित्रों, संस्थानों, उनके क्रियाकलापों तथा विचारों को है।[18]

वे समकालीन इतिहास-लेखन के मूल ढाँचे पर आक्रमण करते हुए कहते हैं कि इतिहास-लेखन के प्रथम दो स्वरूप भारतीय राष्ट्रवाद को प्राथमिक रूप से उत्प्रेरित एवं प्रभाव ग्रहण की प्रक्रिया का फलन मानते हैं। संकीर्ण व्यवहारवादी दृष्टिकोण पर आधारित उनकी दृष्टि राष्ट्रवाद को उपनिवेशवादी सस्थानों, अवसरों और संस्थानों के साथ भारतीय अभिजात वर्ग की वैचारिक प्रतिक्रियाओं और गतिविधियों के कुल योग के रूप में देखती हैं। इस इतिहास-लेखन के कई स्वरूप हैं किन्तु एक केन्द्रीय वस्तु है जो इन सबके बीच सामान्यतया पाई जाती है। वह यह है कि भारतीय राष्ट्रवाद मुख्य रूप से सीखने की या सुसंस्कृत होने की एक ऐसी प्रक्रिया है जिसमें भारतीय अभिजन, शासक अंग्रेजों द्वारा नियन्त्रित विभिन्न संस्थानों, तन्त्रों और सांस्कृतिक जटिलताओं को समझने और उससे संवाद स्थापित करने की कोशिश करता है। वस्तुतः

भारतीय अभिजन को इस दिशा में प्रेरित करनेवाली शक्ति कोई उच्च वैचारिक आदर्श न होकर औपनिवेशिक शासन द्वारा रची गई और उससे अभिन्न उसके ऐश्वर्य धन, शक्ति एवं यश में साझेदारी का लोभ था।[19]

प्रो. रणजीत गुहा के अनुसार दूसरे प्रकार के राष्ट्रवाद के कई रूप दृष्टिगत हो सकते हैं। परन्तु उन सबमें यह सामान्य मान्यता रही है कि भारतीय राष्ट्रवाद यहाँ के कुलीनवर्ग के आचारों एवं सद्गुणों की ऐसी अभिव्यक्ति रहा है जो उनके त्याग और परोपकार के कारण उन्हें अंग्रेजों का निरा साझेदार ही न बनाकर लोकहित में काम करनेवाली स्वतन्त्र इकाई में भी स्थापित करता है। इस प्रकार भारतीय राष्ट्रवाद का इतिहास यहाँ के अभिजातवर्ग की आध्यात्मिक जीवनी के रूप में लिखा गया है।[20]

इन तीव्र एवं विचारपूर्ण आलोचनाओं के पश्चात प्रो. गुहा इस शोध-पत्र में अभिजातवादी इतिहास-लेखन के सकारात्मक पक्ष की भी व्याख्या करते हैं। उनकी दृष्टि में यह उपनिवेशवादी शासन की संरचना, वर्ग-संघर्ष, विभिन्न ऐतिहासिक घटकों की भूमिका, वैचारिक विकास और दो तरह के अभिजात की आन्तरिक विडम्बना को भी दर्शाता है। अन्ततः यह इतिहास-लेखन के वैचारिक चरित्र को समझने में हमारी मदद करता है।[21]

विवादों की राजनीति से थोड़ा हटकर अगर देखा जाए तो प्रो. गुहा के तर्कों में वहाँ शक्ति है, जहाँ वे कहते हैं कि अभिजातवादी इतिहास-लेखन की दरिद्रता राष्ट्रीयता के निर्माण में विराट जनमानस की स्वतःस्फूर्त और स्वप्रेरित हिस्सेदारी को न समझ पाना है या जहाँ वे भारतीय अभिजातवर्गीय राजनीति के समानान्तर ही चल रही निम्न जातीय वर्गों और समूहों की अत्यन्त प्रभावशाली राजनीति को समझने का आग्रह करते हैं। वास्तव में संगठन सम्बद्धता के अध्ययन से जिस अभिजात राजनीति के एकरैखिकता के सिद्धान्त का विकास हुआ है, उससे निम्न वर्गों की राजनीति के क्षैतिज स्वरूप को नहीं समझा जा सकता।[22]

इन समस्त सकारात्मक तथ्यों के बावजूद प्रो. रणजीत गुहा ने औपनिवेशिक अभिजात एवं बुर्जुआ राष्ट्रीय अभिजात को एक ही साथ रखने की चेष्टा की है। उनके इस कृत्य को इतिहास के बौद्धिकों के मध्य 'अतिवादी व्याख्या'[23] की संज्ञा दी गई है।

विवादों की इस श्रृंखला के साथ ही उपाश्रयी अध्ययन से जुड़े इतिहासकारों ने भारतीय राष्ट्रवाद के इतिहास में किसान राष्ट्रवाद सम्बन्धी अवधारणा को स्थापित करने में पहल की है।[24] इन्होंने आन्दोलन, संगठन, दमन के नए रूपों का अध्ययन कर भारतीय राष्ट्रवाद के इतिहास की रचना में महत्त्वपूर्ण सहायता की है। किन्तु इन्होंने भी भारतीय राष्ट्रवाद के इतिहास रचने में नए एवं अछूते स्रोतों के प्रयोग में व्यापक सफलता नहीं पाई है।

वस्तुत: भारत में राष्ट्रवाद का इतिहास रचने के अनेक प्रयासों और प्रयोगों के बाद भी अभी तक हमें राष्ट्रवाद का समतल, छिछला एवं फॉर्मूलाबद्ध रूप ही प्राप्त हुआ है। भारत में राष्ट्रवाद के इतिहास की व्यापकता एवं गहराई प्राप्त अभी हमारे समक्ष चुनौती है।

अब तक भारत में राष्ट्रवाद के अध्ययन में इतिहासकारों द्वारा 'परिणाम' को ज्यादा महत्त्व दिया गया है, जिससे होकर ये परिणाम प्राप्त हुए हैं। इस प्रक्रिया का अध्ययन राष्ट्रवाद का सामाजिक इतिहास रचने के लिए एक आवश्यक, किन्तु चुनौतीपूर्ण कार्य है।

हम भारत में राष्ट्रवाद के इतिहास के पुनर्निर्माण में राजनीतिक, सामाजिक, आर्थिक उपादानों का प्रयोग तो कर रहे हैं किन्तु सांस्कृतिक उपादानों के श्रेष्ठतर उपयोग एवं प्रयोग में अभी हमने सफलता नहीं पाई है। इतिहास-लेखन में सांस्कृतिक उपादानों का हम यदि उचित सन्दर्भों में प्रयोग करें तो भारत में राष्ट्रवाद के इतिहास में नवीनता और समृद्धि दोनों आएगी। यदि राष्ट्रीय मुक्ति एक सांस्कृतिक प्रक्रिया भी है तो औपनिवेशिक काल में भारतीय जनता को हुए सांस्कृतिक अनुभवों का अध्ययन करना भी राष्ट्रवाद के विकास की प्रक्रिया को समझने के लिए आवश्यक है।

अब तक जन-प्रतिक्रियाओं को आधार बनाकर राष्ट्रवाद का इतिहास रचने के प्रयास न के बराबर हुए हैं। यदि लोकसंस्कृति अपने निर्माण के दौर में निर्मित करनेवाली शक्तियों की रचनात्मक प्रतिक्रिया है तो लोक में व्याप्त राष्ट्रवाद की अवधारणा का अध्ययन हमारे समक्ष एक गम्भीर चुनौती है।

अभी तक वास्तव में अभिजात इतिहास-लेखन की अपनी सीमाओं के कारण भारतीय राष्ट्रवाद की अभिजात धारा ही मुख्य रूप से ज्ञान के क्षेत्र

में प्रभावी है। भारतीय राष्ट्रवाद की लोक धारा को समझना भी हमारे लिए एक इतिहास प्रदत्त जिम्मेदारी है।

इस अध्ययन में हमारा श्रेय और प्रेय भोजपुर की लोकसंस्कृति में राष्ट्रवाद की अवधारणा को समझना है। लोकसंस्कृति में राष्ट्रवाद की अवधारणा को तुलनात्मक रूप से अध्ययन करने के लिए हिन्दी साहित्य के माध्यम से उभर रही राष्ट्रवादी चेतना जो मुख्यतः इस समाज के शहरी अभिजात वर्ग, तत्कालीन नवजात मध्यवर्ग की प्रतिक्रिया से जुड़ी थी, को समझना हमारी आवश्यकता है। हिन्दी साहित्य में राष्ट्रवाद की अवधारणा के परख के लिए गहन अध्ययन के रूप में हम भारतेन्दु हरिश्चन्द्र, प्रेमचन्द तथा यशपाल पर स्वयं को केन्द्रित करते हैं।

सन्दर्भ

1. जॉन प्लामेंटाज यूजीन कामेंका द्वारा सम्पादित नेशनलिज़्म, द नेचर एंड इवोल्यूशन ऑफ नेशनलिज़्म (लन्दन एडवार्ड अरनाल्ड, 1914), में संकलित लेख टू टाइप्स ऑफ नेशनलिज़्म में, पृष्ठ 23-36
2. हान्स कोन, द आइडिया ऑफ नेशनलिज़्म (न्यूयार्क, मैकमिलन, 1944).
   —दि एज ऑफ नेशनलिज़्म (न्यूयार्क, हार्पर, 1962)
   —नेशनलिज़्म, इट्स मीनिंग एंड हिस्ट्री (प्रिन्सटन 1955)
3. पार्थ चटर्जी, नेशनलिस्ट थॉट एंड दि कॉलोनियल वर्ल्ड : ए डिराइवेटिव डिस्कोर्स? (यूनाइटेड नेशन्स यूनिवर्सिटी प्रेस)
4. वही
5. वही
6. पार्थ चटर्जी ने अपनी पुस्तक 'नेशनलिस्ट थॉट एंड दि कॉलोनियल वर्ल्ड : ए डिराइवेटिव डिस्कोर्स?' में इस मत पर विस्तृत विचार किया है
7. पार्थ चटर्जी ने अपनी पुस्तक 'नेशनलिस्ट थॉट एंड दि कॉलोनियल वर्ल्ड : ए डिराइवेटिव डिस्कोर्स?' में बेनडिक्ट एंडरसन की इस मान्यता को व्याख्यायित किया है
8. एरनेस्ट गेलनर, थॉट एंड चेंज (लन्दन, विडेन फेल्ड एंड निकॉलस, 1964), पृष्ठ 147-78
9. कार्ल मार्क्स, द ब्रिटिश रूल इन इंडिया, कार्ल मार्क्स और एफ.
   एनगिल्स, 'द फस्ट इंडियन वार ऑफ इंडिपेंडेन्स 1857-1859 (मॉस्को, फॉरन लैंग्वेजेज, पब्लिशिंग हाउस, 1959), पृष्ठ 20

10. आर. पी. दत्त, इंडिया टुडे (बाम्बे जी.पी.एच. 1949), ए.आर.देसाई, सोशल बैकग्राउंड ऑफ इंडियन नेशनलिज़्म (बाम्बे, पॉपुलर बुक डिपो 1948); डी.एन. धनाग्रे, पिजेंट मूवमेंट इन इंडिया (1920-1950, ओ.यू.पी. 1983), विपिनचन्द्र, दि राइज एंड ग्रोथ ऑफ इकॉनोमिक नेशनलिज़्म इन इंडिया, पी.पी.एच. 1966, सुमित सरकार, मॉडर्न इंडिया (1885-1947) मैकमिलन, 1955, राममोहन राय एंड दि ब्रेक विथ द पास्ट (वी.सी. जोशी द्वारा सम्पादित पुस्तक राममोहन राय एंड द प्रोसेस ऑफ मॉडर्नाइजेशन इन इंडिया) दिल्ली, विकास, 1975 में
11. पार्थ चटर्जी, नेशनलिस्ट थॉट एंड कॉलोनियल वर्ल्ड : ए डिराइवेटिव डिस्कोर्स (यू.एन.यू. 1986), पृष्ठ 10-17
12. वही, पृष्ठ 20
13. सुमित सरकार, राजा राममोहन राय एंड दि ब्रेक विथ द पास्ट (वी.सी. जोशी द्वारा सम्पादित पुस्तक राममोहन राय एंड दि प्रोसेस ऑफ मॉडर्नाइजेशन इन इंडिया) दिल्ली, विकास, 1975
14. अशोक सेन्, ईश्वरचन्द्र विद्यासागर एंड हिज इल्यूसिव माइलस्टोन्स, कलकत्ता. (रिद्धी), इंडिया, 1977
15. के.एन. पनिक्कर का शोध-पत्र कल्चर एंड इंडियॉलजी (कंट्राडिक्शन इन इंटेलेक्चुअल ट्रान्सफॉर्मेशन ऑफ कॉलोनियल सोसायटी इन इंडिया) इ.पी. डब्ल्यू. 5 दिसम्बर, 1987 में प्रकाशित
16. प्रो. आर. एल. शुक्ल, आधुनिक भारत का इतिहास, हिन्दी माध्यम कार्यान्वयन निदेशालय दिल्ली, पुनर्मुद्रण, 1992
17. रणजीत गुहा, सबॉल्टर्न स्टडीज वाल्यूम-1 (ओ.यू.पी.) की भूमिका में
18. वही, पृष्ठ 3
19. वही
20. वही
21. वही
22. वही
23. वामपन्थी बौद्धिकों एवं इतिहासकारों के मध्य यह मत प्रचलित है
24. ज्ञानेन्द्र पांडेय, दि एसेंडेन्सी ऑफ कांग्रेस इन यू पी.—ए स्टडी ऑफ इम्परफेक्ट मोबेलाइजेशन, (ओ.यू.पी.) पिजेंट रिवोल्ट एंड इंडियन नेशनलिज़्मः पिजेंट मूवमेंट इन अवध, 1921-22, सबॉल्टर्न स्टडीज, शाहिद अमीन-गाँधी एज महात्मा (सबॉल्टर्न स्टडीज, वाल्यूम-3, ओ.यू.पी. में प्रकाशित)

द्वितीय अध्याय

इतिहास-लेखन और लोकसंस्कृति

लोकायन सतत रूप से वर्गसंघर्ष का अस्त्र एवं प्रतिच्छाया दोनों रहा है।

—*वाइ. एम. सोकोलोव, रशियन फोकलोक*

लोक विधा एवं ऐतिहासिक विज्ञान है...

—*ए. एच. क्रेपे*

सभी पारम्परिक कलाएँ लोककलाएँ हैं क्योंकि वे 'जन' की कला हैं।

—*आनन्द के. कुमारस्वामी*

इतिहास-लेखन में लोकसंस्कृति और लोकसंस्कृति में इतिहास-लेखन का प्रवेश क्यों और कैसे हुआ, यह एक ऐतिहासिक सर्वेक्षण का प्रश्न है। वस्तुतः अठारहवीं शताब्दी के अन्त और उन्नीसवीं सदी के आरम्भ में जब व्यापारी, मशीनी एवं पूँजीवादी सभ्यता में 'आदमी', 'जन' का लोप होने लगा तो यूरोप के बौद्धिकों में 'जन को खोजने का रुझान बढ़ा।' इस 'लोप हो रहे जन' की खोज के लिए उन्होंने सर्वप्रथम उसकी पारम्परिक लोकप्रिय संस्कृति को खोजने का अभियान चलाया जो इस सभ्यता में लुप्त हो रही थी।

यूरोप के इस बौद्धिक वर्ग के पास इस समय तक 'लोक की अवधारणा' नहीं थी। उसने धीरे-धीरे लोक की सुगठित अवधारणा का विकास किया। लोकप्रिय संस्कृति की अवधारणा के गठन की प्रक्रिया शोधपूर्ण किन्तु उत्सुकता से भरी हुई है। 1874 ई. में जे.जी. हर्डर ने 'फोल्क्सलीड' (Volkslied) अर्थात फोक सांग (लोकगीत) का प्रचलन किया।[1] अठारहवीं शताब्दी के अन्त में लोककथाओं के ही अर्थ में पर उससे थोड़ा भिन्न फोल्क्सागे (Volksage) शब्द का जन्म हुआ। उन्नीसवीं सदी

के प्रारम्भ में जोसेफ गोरेस नामक पत्रकार ने फोल्क्सबूख (Volksbuch) नामक शब्द इसके लिए प्रचलित किया। 1846 ई. में अंग्रेजी में फॉक लोर शब्द का प्रचलन हुआ। 1850 ई. में 'फोल्क्स शाउस्पील (Volks schauspiel) शब्द इसके लिए प्रयुक्त होने लगा। विभिन्न यूरोपीय देशों में इसी तरह की शब्दावलियाँ प्रयुक्त होने लगीं। स्वीडिश में फॉक वाइजर इटालियन में कान्ती पोपलारी (Canti Poplari), रूसी भाषा में नरोद्नी पेसनी (Narodny Pesni), हंगरी में नेपदालोक (Nepdalok) का व्यवहार होने लगा।[2] वस्तुत: जे. जी. हर्डर ने ही लोकप्रिय संस्कृति-कुल्टूअर डेस फोल्क्स (Kultur Des Volkes) का प्रयोग शिक्षित संस्कृति (Learned Culture) के विरोधाभास में किया। इस बौद्धिक वर्ग ने 'जनता की लोकप्रिय संस्कृति' के संकलन का महत्त्वपूर्ण कार्य किया। यूरोप में लोकप्रिय संस्कृति के प्रमुख सिद्धान्तकार जे. जी. हर्डर ने यह सिद्धान्त स्थापित किया कि पुनर्जागरण के बाद के विश्व में पुरानी कविता का नैतिक प्रभाव लोकगीत में ही सुरक्षित है।[3] इसके दूसरे बड़े सिद्धान्तकार ग्रिम ने 'लोकप्रिय' संस्कृति की सामुदायिकता के सिद्धान्त को स्थापित किया। इन दोनों के प्रभाव में यूरोप में राष्ट्रीय लोकगीतों के संकलन पर संकलन निकलने लगे।

कृष्ण दानिलोव (Kr ishna Danil ov) के सम्पादन में रूसी बाइलिनी (Byl iny) और ब्लाड्स 1804 में प्रकाशित हुआ। आर्निम ब्रेटानों के प्रयासों से जर्मनी के लोकगीतों का संकलन किया गया। और 1804-1806 ई. के आसपास यह डेस केनाबेन वुंडरहोर्न (Des Kenaben Wunderhorn) के नाम से प्रकाशित हुआ।[4]

भारत में इसका संकलन दो प्रवृत्तियों के कारण हुआ। भारत में कार्यरत औपनिवेशिक अधिकारियों ने शासित को जानने-समझने के उद्देश्य से इसका संकलन किया।[5] बीसवीं शताब्दी में कुछ राष्ट्रवादी कवियों ने अपनी संस्कृति को गौरवमंडित करने के लिए लोकसंस्कृति से सहारा लेने हेतु इसका संकलन किया।[6] बाद में चलकर लोकसंस्कृतिविद पं. कृष्णदेव उपाध्याय ने लोकसंस्कृति के संकलन एवं लोकपरम्परा के अध्ययन का प्रयास किया।[7]

किन्तु लोकसंस्कृति के ये देशी एवं विदेशी दोनों प्रकार के विद्वानों एवं कार्यकर्ताओं ने मात्र लोकप्रिय संस्कृति के संकलन का कार्य किया। विश्लेषण का कार्य नहीं किया। लोकसंस्कृति की इन विभिन्न विधाओं के भीतर क्या है? शब्द के बाद की दुनिया अदृश्य रह गई। इस प्रकार लोकसंस्कृति के प्रति इनकी रुचि रोमानी एवं बौद्धिकों की भावमयी राष्ट्रवादी अभिरुचि बनकर रह गई। इनसे किसी बड़े ऐतिहासिक सत्य तक पहुँचने का इन्होंने प्रयास नहीं किया।

लोकसंस्कृति के विदेशी विद्वानों के बीच इनकी उपयोगी व्याख्या कर अपने नए क्रिश्चियन मूल्यों को आदिम मूल्यों से जोड़ने का प्रयास भी हुआ। किन्तु भारतीय विद्वानों के मध्य तो यह भी नहीं हुआ।

किन्तु लोकसंस्कृति के कार्यकर्ताओं ने एक महत्त्वपूर्ण कार्य किया। इन्होंने इतिहासकारों और समाज वैज्ञानिकों के अध्ययन के लिए सामग्री उपलब्ध करा दी। जबकि यह सार संकलन लोकसंस्कृति के विशाल समुद्र का मात्र एक बूँद-भर था। किन्तु फिर भी इससे इतिहासकारों का ध्यान उस ओर जा सका।

लोकसंस्कृतिवादियों की तरह यूरोप के इतिहासकारों ने भी व्यावसायिक एवं औद्योगिक विकास में क्षय होते जा रहे 'आदमी', 'जन' उसकी लोकप्रिय संस्कृति तथा परम्परा की खोज आरम्भ की। स्वीडिश इतिहासकार एरिक गुस्ताव गीजर (Erik Gustav Gizer) ने लोकप्रिय कविताओं को लेकर इतिहास-लेखन प्रारम्भ किया। उसने लोकप्रिय संस्कृति को जन-इतिहास रचने में महत्त्वपूर्ण बताया। क्योंकि इसे पूरा जन एक आदमी के रूप में गाता है। 'सरकार का इतिहास' रचने की प्रवृत्ति से पृथक होकर 'एरिक गीजर' ने जन-इतिहास रचने की दिशा में प्रवृत्त होते हुए 'दि हिस्ट्री ऑफ दि स्वीडिश पीपुल' की रचना की। जबकि इसने अपनी पुस्तक का ज्यादा स्थान राजा की नीतियों का मूल्यांकन करने में गँवाया किन्तु इसने इसमें एक अलग अध्याय 'भूमि और लोग' की रचना की। यह उस समय के इतिहास-लेखन में एक महत्त्वपूर्ण कार्य था।[8] लोकगीतों एवं लोकसंस्कृति को शोध सामग्री के रूप में प्रयोग करते हुए ठीक इसी तरह का शोधकार्य कर चेक इतिहासकार फ्रान्तिशेक

पालात्स्की (Frantishek Pallatcky) ने 'हिस्ट्री ऑफ द चेक पीपुल' की रचना की। जूल मिश्ले (Jule Michle) जो स्वयं लोकसंस्कृति के संकलन का कार्य करता था, की पुस्तक हिस्ट्री ऑफ द इंग्लैंड 1848 ई. में प्रकाशित हुई। इस पुस्तक का तीसरा अध्याय अत्यन्त प्रसिद्ध हुआ, जो 17वीं शताब्दी के उत्तरार्ध के इंग्लैंड को विषय बनाकर लिखा गया था। यह अध्याय लोकप्रिय बैलेडों पर आधारित था, जिसका उसने संकलन किया था।[9]

यूरोपीय इतिहासकारों की अभिरुचि लोकसंस्कृति की ओर उनमें निहित राष्ट्रवादी भावनाओं के कारण भी हुई। राष्ट्रवाद को एक सांस्कृतिक अवधारणा के रूप में देखते हुए इन्होंने अपनी राष्ट्रीयता की लोकसंस्कृति को इतिहास का विषय बनाया।

सचमुच लोकसंस्कृति के राष्ट्रवाद के विकास से जुड़ाव ने भी इतिहासकारों के मध्य इसे आकर्षण का केन्द्र बनाया। लोकगीतों के संकलन प्राय: अपनी भावना एवं प्रेरणा में राष्ट्रवादी भावों से भरे थे।

यूरोप में लोकसंस्कृति के निर्धारण की प्रक्रिया आत्मनिर्धारण के आन्दोलन एवं राष्ट्रीय मुक्ति से जुड़ी रही। इस प्रवृत्ति ने भी यूरोप के इतिहासकारों के मध्य इस अध्ययन का विषय बनाने में महत्त्वपूर्ण भूमिका निभाई। फॉरील (Fariel) का ग्रीक लोकगीतों का संकलन 1829 ई. में तुर्क के खिलाफ ग्रीक विद्रोह से प्रभावित था।[10]

शीघ्र ही नवीन एवं प्रसिद्ध इतिहासकार इवेजिन वेबर ने फ्रान्स के किसानों की अन्त:दुनिया में प्रवेश के लिए लोकसंस्कृति के विभिन्न उपादानों को आवश्यक मानते हुए अपना अत्यन्त विद्वत्तापूर्ण शोधप्रबन्ध 'पीजेंट्स इन फ्रेंच मैन-द मॉडर्नाइजेशन ऑफ मॉडर्न फ्रान्स' प्रस्तुत किया है।[11]

यूँ भी लोकसंस्कृति एक ऐतिहासिक संघटना है और लोकसंस्कृति का विज्ञान एक ऐतिहासिक अनुशासन है।[12]

प्रसिद्ध सामाजिक इतिहासकार ई. पी. थाम्पसन ने अपने एक अत्यन्त विद्वत्तापूर्ण लेख 'फॉकलोर, एन्थ्रोपोलॉजी एंड सोशल हिस्ट्री' में इन तीनों के अन्त:सम्बन्ध एवं अन्त:संवाद की व्याख्या करते हुए यूरोप के इतिहास में इनकी उन्नति के सकारात्मक स्वरूप एवं सीमाएँ स्पष्ट करते हुए भारत

में इसकी आवश्यकता पर बल दिया है।[13]

एक ओर यूरोप में इतिहास-लेखन में लोकसंस्कृति का इतना व्यापक प्रयोग हुआ है, वहीं भारत में इस दिशा में पहल न के बराबर हुई है।

आधुनिक भारत के इतिहास के निर्माण एवं पुनर्निर्माण के लिए विभिन्न प्रयास किए गए हैं एवं अनवरत किए जा रहे हैं। इन प्रयासों के परिणामस्वरूप भारतीय इतिहास-लेखन में विभिन्न पद्धतियाँ, दृष्टिकोण एवं मत विकसित हुए है। भारतीय इतिहास-लेखन के इन विभिन्न वैचारिक संवर्गों के इतिहास-लेखन में 'जन' के लोकप्रिय संस्कृति का कितना स्थान रहा है? उन्होंने इसे कैसे और कितना देखा है?

आधुनिक भारत के इतिहास के निर्माण का प्राथमिक प्रयास औपनिवेशिक विद्वानों एवं प्रशासकों लॉर्ड डफरिन, कर्जन और मिंटो जैसे वायसरायों और भारत सचिव लॉर्ड हैमिल्टन की राजकीय घोषणा-पत्रों के रूप में, बी. चिरोल रौलेट (राजद्रोह) समिति की रिपोर्ट, वर्नी लोवेट और मांटेग्यू चेम्सफोर्ड की तर्कसंगत प्रस्तुतियों एवं इसी प्रवृत्ति का विकास करते हुए पर्सिवल स्पीयर ने भारत के इतिहास की रचना की। इस ऐतिहासिक पद्धति एवं दृष्टिकोण को नया रूप देकर अनील सील[14] जे. ब्रोमफील्ड, जे. ए. कैलागर[15] इत्यादि ने भारत के इतिहास-निर्माण का जो प्रयास किया है, उनमें लोकसंस्कृति के बारे में न कोई समझ है और न ही आधुनिक भारतीय इतिहास में गहराई की प्राप्ति के लिए लोकसंस्कृति तक पहुँचने का कोई प्रयास।

आधुनिक भारत के इतिहास-निर्माण एवं पुनर्निर्माण का दूसरा महत्त्वपूर्ण प्रयास जिस वैचारिक संवर्ग द्वारा किया गया है. उसे इतिहास के साहित्य में राष्ट्रवादी इतिहासदर्शन के नाम से सम्बोधित किया गया है। उपनिवेशवादी युग में लाला लाजपतराय, ए. सी. मजुमदार, आर. जी. प्रधान, पट्टाभि सीतारमैया, सुरेन्द्रनाथ बनर्जी, सी. एफ. एंड्रयूज और गिरिजा मुखर्जी जैसे विद्वान एवं हाल में बी. आर. नन्दा, विशेश्वर प्रसाद और अमलेश त्रिपाठी के शोधकार्य आधुनिक भारत के राष्ट्रवादी इतिहास का दावा प्रस्तुत करते हैं लेकिन आश्चर्य यह है कि अपने को राष्ट्रवादी

इतिहास का प्रामाणिक प्रतिनिधि माननेवाले इन विद्वानों के कार्यों में भी लोक, लोकसंस्कृति, जन और जन की संस्कृति से कोई लेना-देना नहीं है। यह कैसा राष्ट्रवादी इतिहास है, जिसमें राष्ट्र ही नहीं है।

अब मार्क्सवादी इतिहासकारों के कार्यों का मूल्यांकन जन के 'लोक' के इतिहास रचने एवं इतिहास-लेखन में लोकप्रिय संस्कृति के उपयोग के सन्दर्भ में किया जाना चाहिए।

मार्क्सवादी विद्वानों में आधुनिक भारत के इतिहास की निर्माण की नींव रजनीपाम दत्त एवं ए. आर. देसाई ने रखी। इस इतिहास-लेखन का विकास बाद के काल में प्रो. विपिनचन्द्र ने मुख्य रूप से किया।[16] इस शृंखला को अग्रगति देने में के. एन. पनिक्कर, आर. एल. शुक्ल, सुनील सेन का प्रमुख योगदान रहा। इतिहास के इन संशोधनकर्ताओं ने कई महत्त्वपूर्ण कार्य किए। इन्होंने औपनिवेशिक भारत के मुख्य अन्तर्विरोध एवं रूपाकार ग्रहण कर रहे राष्ट्रवाद की प्रक्रिया को ध्यान में रखा। मार्क्सवादी इतिहास-लेखन में कुछ नया एवं मौलिक कार्य करनेवाले प्रो. विपिनचन्द्र एवं उनके मत के अन्य इतिहासकारों ने राष्ट्रवाद, साम्प्रदायिकता, उपनिवेशवाद एवं भारत का स्वतन्त्रता संग्राम पर कई महत्त्वपूर्ण कार्य प्रस्तुत किए। इन्होंने भारत के स्वतन्त्रता संघर्ष का इतिहास रचने के लिए स्वतन्त्रता सेनानियों के साक्षात्कार का सहारा लेने का भी प्रयास किया है। किन्तु दुख एवं निराशा होती है कि इतिहास-लेखन के स्रोत सामग्री के रूप में एवं एक दृष्टि के रूप में भी न ही इन्होंने लोकसंस्कृति की ओर देखने का प्रयास किया न ही इनकी पहुँच वहाँ तक हो पाई।

इन दिनों भारतीय इतिहास-लेखन में एक नई प्रवृत्ति दिखाई पड़ रही है।[17] इसके प्रस्तावकों ने इसका नाम उपाश्रयी अध्ययन रखा है। इस इतिहास-दर्शन में पुराने, सीमित दृष्टिवाले इतिहास-दर्शन की जगह, उसको स्थापित करने की बात कही गई है जो नई, जनोन्मुखी या उपाश्रयी दृष्टि है। इस इतिहास-लेखन संवर्ग ने आधुनिक भारत के इतिहास को अत्यन्त धनी बनाया है। विशेषकर क्षेत्रीय आन्दोलनों और कृषक एवं मजदूरों के आन्दोलनों का व्यापक स्तर पर अध्ययन कर इन्होंने भारत में सूक्ष्म स्तरीय अध्ययन को प्रोत्साहित किया है जो अब तक के निर्मित राष्ट्रवाद

के ढाँचे को तोड़ने में सहायक हुआ है। किन्तु कुछेक इतिहासकारों का इन पर लगाया जानेवाला यह आरोप विचारणीय है कि "इस नए सम्प्रदाय ने जनचेतना को केन्द्र में रखकर इतिहास-लेखन का वायदा किया था, लेकिन इसने अपने लिए कोई नया स्रोत नहीं तलाशा है जिससे इनकी लोकप्रिय कल्पना को विचारशीलता मिल सके। इनके नए लेखन का आधार अभी भी वही पुराने अभिजन स्रोत हैं।"[18]

किन्तु इसी वैचारिक संवर्ग के डेविड हार्डीमैन का 'देवी आन्दोलन'[19] जिसमें उन्होंने मौखिक इतिहास-लेखन की तकनीकों को अपनाया है एवं ज्ञानेन्द्र पांडेय का 'दि असेंडेन्सी ऑफ कांग्रेस इन यू. पी.', 'द स्टडी ऑफ इम्प्रफेक्ट मोबेलाइजेशन'[20] में नए स्रोतों की ओर जाने का प्रयास दिखता है। किन्तु अपने इतिहास-लेखन के सम्पूर्ण दर्शन में लोकप्रिय संस्कृति की आवश्यकता महसूस करते हुए भी आज तक ये इतिहासकार भारत में इतिहास-लेखन के इस अजस्र एवं अचूक भंडार का उपयोग क्यों नहीं कर पाए? सम्भवतः निम्नवर्ग एवं सामान्यजन से इनकी व्यावहारिक दूरी इसमें महत्त्वपूर्ण कारण रहा हो। हमारी दृष्टि में इस दूरी को बनाए रखने में इनका लोकभाषाओं का ज्ञान सीमित होना, लोकसंस्कृति से कोई अन्तःसम्बन्ध न होना एवं कमोबेश इनके भीतर का अभिजात एवं असुविधा से बचने की मध्यवर्गीय इच्छा ने महत्त्वपूर्ण भूमिका अदा की है।

ऐसा नहीं है कि भारतीय इतिहासकारों के मध्य इतिहास के सन्दर्भ में लोकसंस्कृति का महत्त्व न समझा जा रहा हो। प्रो. नीहार रंजन रे जब कहते हैं—"जनता का इतिहास लोक-विधाओं एवं लोक-धर्म इत्यादि से ही निर्मित किया जा सकता है।"[21] तब इतिहासकारों की संवेदनशीलता स्पष्ट होती है। डी. डी. कोसाम्बी ने प्राचीन भारत के सामाजिक और ऐतिहासिक सत्य की खोज के लिए मिथकों का उपयोग कर नया पथ प्रशस्त किया है।[22]

आधुनिक भारत के इतिहास के एक प्रमुख विद्वान लेखक प्रोफेसर सुमित सरकार ने अपने अत्यन्त नवीन शोध-पत्र में भारतीय इतिहास-लेखन की इस विडम्बना को स्वीकार करते हुए लोकप्रिय संस्कृति को इतिहास-लेखन की परिधि में लाने पर जोर देते हुए कहा है कि "मुझे

लगता है कि हमारे 19वीं शताब्दी के उल्लेखनीय महानुभावों की विविध सामग्री—धार्मिक पुस्तकें, साहित्यिक कृतियाँ, आत्मकथाएँ, इंडियन ऑफिस लाइब्रेरी में प्रादेशिक बोली की पुस्तिकाओं के बड़े संकलन का यदि गहराई से अध्ययन किया जाए तो अभी ऐसे खजानों का पता चल सकता है। खास तौर से यदि उन्हें पहले की धार्मिक परम्पराओं और समकालीन लोकप्रिय संस्कृति के तथ्यों के मुकाबले में आमने-सामने लाया जाए।[23]

नीलाद्री भट्टाचार्य ने अपने नवीन शोध-पत्र 'लोकसंस्कृति का एजेंडा' में लोकसंस्कृति के इतिहास-लेखन में उपयोग के बारे में विचार करने का प्रयास किया है।[24]

लालबहादुर वर्मा ने अपनी पुस्तक 'इतिहास के बारे में' में इतिहास-लेखन में लोकप्रिय संस्कृति के उपयोग करने की बात उठाई है।[25] किन्तु ये समस्त अध्ययन 'इतिहास-लेखन में लोकसंस्कृति के उपयोग' के बारे में इशारे भर हैं। लोकसंस्कृति को लेकर ऐतिहासिक अवधारणाओं को जाँचने-परखने एवं निर्मित करने का काम अभी अछूता एवं शेष है। लोकसंस्कृति के भीतर से अवधारणाओं के विकास का काम तो अभी बिलकुल ही हमारी पहुँच से बाहर है।

'लोकसंस्कृतिवादी' एवं 'इतिहासकारों' के अतिरिक्त भारत में हिन्दी साहित्य के विद्वानों का भी लोकसंस्कृति से सम्पर्क रहा है।[26] किन्तु इन्होंने भी या तो मात्र 'संकलन' का कार्य किया या उसके रूप पक्ष को समझने का कार्य। इतिहास की बात रहने भी दें तो सबसे महत्त्वपूर्ण कार्य हिन्दी जातीयता का निर्माण, विभिन्न लोक-व्यक्तित्वों की छवियों का अध्ययन या विभिन्न लोकसंस्कृतियों के ढाँचों की व्याख्या इन्होंने नहीं की। सम्भवत: उनके ये कार्य इतिहासकारों के लिए उपयोगी होते।

सांस्कृतिक नृतत्त्वशास्त्रियों ने लगातार विकसित एवं परिवर्तित होती जा रही लोकसंस्कृति को देखने का जो भी थोड़ा बहुत प्रयास किया है, वह 'आदिमसंस्कृति' की उनकी समझ से आगे नहीं बढ़ पाया है और नितान्त अनैतिहासिक होकर रह गया है। इन्होंने लोकसंस्कारों से सम्बन्धित संवर्ग का ढाँचा और कार्य-प्रणालियों के अध्ययन का निरपेक्ष प्रयास किया जो

लोकपरम्परा को व्यापकता में समझने में हमारी कोई मदद नहीं करता।[27]

लोकसंस्कृति में ऐतिहासिक प्रश्नों के लिए स्थान

इतिहास में 'समय' और 'दूरी' का 'काल' और 'घटना' का प्रश्न प्रायः उठाया जाता है। लोकसंस्कृति में 'समय' भी है, घटना भी, घटना घटने की प्रक्रिया भी, उसमें शामिल लोगों का उच्छ्वास भी (अर्थात सम्बद्धता का प्रतिशत भी), उस पर प्रतिक्रिया और सुझाव भी। प्रबुद्धजनों से हमारा आग्रह है कि 'समय' को मात्र तिथि न समझें। हमारे नागर-बोध के समय की अवधारणा से ग्रामीण कृषक लोक में समय की अवधारणा भिन्न है। हमारे नागर-बोध के पास 'समय की अवधारणा' अंग्रेजी महीनों एवं तिथियों में विभाजित है तो ग्राम-बोध, कृषक चेतना के पास अपनी मौलिक समय-सारिणी है जो मौसम, नक्षत्र, रंग इत्यादि से सम्बन्धित है।[28] लोकप्रिय संस्कृति में समय उनके अपने 'माध्यम' में मिल सकता है न कि हमारे 'माध्यम' में।

लोकसंस्कृति के उपांगों, लोकगीतों, लोक कहावतों, मुहावरों में घटना, घटित होने के स्थान, उसमें भाग लेनेवाले लोगों का उत्साह, उस घटना की तीव्रता एवं उसके प्रभाव का स्थायित्व इत्यादि प्रश्नों के उत्तर प्रचुर रूप से विद्यमान हैं, शर्त यह है कि इन बिखरे चित्रों को कोई जोड़ दे। समय की सूक्ष्म से सूक्ष्मतर परिवर्तनशीलता की गूँज लोकसंस्कृति में होती है। वर्तमान में इतिहास-लेखन के पास घटना-विशेष के लिए तो अनेक स्रोत हैं लेकिन निम्नवर्गीय जनता की प्रतिक्रिया 'लोकसंस्कृति' को छोड़कर और कहाँ मिल सकती है?

"इतिहासकार लोकायनों का उपयोग इतिहास के खोए हुए ध्रुवों को जोड़ने के लिए करता है। यह इतिहास के रिक्त स्थानों की पूर्ति भी करता है।"[29]

भारतीय स्वतन्त्रता संघर्ष जो आधुनिक भारत के इतिहास की एक महत्त्वपूर्ण संघटना है, उसकी अनेक छवियाँ लोकसंस्कृति में विद्यमान हैं। इनके अध्ययन की दो प्रक्रियाएँ हो सकती हैं—एक तो अपनी पूर्व निर्मित अवधारणा को लेकर लोकसंस्कृति के पास जाया जाए उसकी जन

प्रामाणिकता ढूँढी जाए। द्वितीय, लोकसंस्कृति के भीतर से ही अवधारणाएँ विकसित की जाएँ तथा उसे पूर्व-निर्मित धारणाओं से मिलाया जाए। इस प्रकार एक 'बृहत ऐतिहासिक सत्य' को प्राप्त किया जाए। इस उप-शीर्षक के अन्तर्गत मैंने भारतीय राष्ट्रीय आन्दोलन की कुछ पूर्व-निर्मित अवधारणाओं की लोक व्याप्ति एवं लोक के भीतर उन अवधारणाओं की ऐतिहासिक परिणति देखने का प्रयास किया है। 1857 ई. के स्वतन्त्रता संग्राम के अध्ययन का प्रयास अनेक शोध पद्धतियों से किया गया है। किन्तु अभी तक हम उसका ऊर्ध्वाकार रूप ही निर्मित कर पाए हैं। उसका क्षैतिज स्वरूप क्या था? उसमें जन-जुड़ाव की गतिकी का अध्ययन कैसे होगा? इसके सम्बन्ध में सूक्ष्म से सूक्ष्म एवं विशिष्ट जानकारी कहाँ से मिल सकती है? मुझे लगता है कि 1857 ई. के स्वतन्त्रता संग्राम का जन-इतिहास रचने के लिए ये बड़े सवाल लोकसंस्कृति से पूछने पर इनका उत्तर मिल सकता है।

1857 ई. के संग्राम की छवियाँ विभिन्न लोक-भाषाओं के लोकायनों में मिलती हैं। अवधी, भोजपुरी, मैथिली के लोकगीतों में इसकी विभिन्न छवियाँ विद्यमान हैं। मुझे तो प्रतीत होता है कि इन स्रोतों से 1857 के स्वतन्त्रता संग्राम का समानान्तर एवं वैकल्पिक इतिहास रचने का प्रयास किया जा सकता है। यह इतिहास कितना नवीन होगा, बिना रचे कहना कठिन है।

भोजपुरी लोकसंस्कृति में 1857 के गदर की व्यापक अनुगूँज विद्यमान है। भोजपुरी क्षेत्र में गदर के महान नायक बाबू कुँवर सिंह से सम्बन्धित अनेक लोकगीत मिलते हैं। अनेक कहावतें प्रचलित हैं, जिन्हें क्रमवार विवेचित कर बाबू कुँवर सिंह के लिखित इतिहास के अतिरिक्त 'जन-इतिहास' रचा जा सकता है।

इस गदर की अनेक उप-जनान्दोलनों, अनेक जन-चरित्रों जिनका गजेटियर एवं लिखित रिकॉड्र्स में वर्णन नहीं है, को प्रकाश में लाया जा सकता है। 1857 के गदर में भोजपुर क्षेत्र में विभिन्न गाँवों की भूमिका का लोकगाथाओं में वर्णन है :

जब बढ़ल कुँअर दल लछमनपुर से आगे
पथ गाँव-गाँव तरनाई जागल अनुरागे

जागल बहार बा गाँव बहोरनपुर में
लच्छूटोला, बारसींघा, सारंगपुर में
संग लागल सुरेमनपुर, गउरा अगराईल
धनबाग पहरपुर के उमंग में आईल
आते 'करजा' जे दादा के गुरुद्वारा
जहवाँ समाधि कवि देवराम दुलारा।[30]

(जब अंग्रेजों के विरुद्ध संघर्ष का बिगुल फूँकते हुए बाबू कुँवर सिंह लछमनपुर से आगे बढ़े तो गाँव-गाँव की तरुणाई जाग उठी। बहोरनपुर, लच्छूटोला, बरसींघा, सारंगपुर, सुरेमनपुर, गउरा, करजा इत्यादि भोजपुर जनपद के गाँव विद्रोह की लहर में बह गए।)

भोजपुर में 'गदर' की चेतना फैलानेवाले 'बँसुरिया बाबा' का वर्णन किसी भी लिखित रिकॉर्ड एवं इतिहास पुस्तक में नहीं है, जबकि भोजपुर की लोकचेतना में यह धारणा बैठी है कि बाबू कुँवर सिंह के गुरु एवं सलाहकार बँसुरिया बाबा ही थे।[31] बँसुरिया बाबा का वर्णन एक भोजपुरी लोकायन में विस्तृत रूप से किया गया है :

बहुत घना दावाँ जंगला बा, कई जोजन के ले परमान
सन्त बँसुरिया बाबा करेले, तपल-तपावल साध महान।[32]

इतिहास-लेखन में एक स्थान और है, जहाँ लोकसंस्कृति के स्रोत हमारी आवश्यकता हैं। औपनिवेशिक गजेटियर एवं सरकारी स्रोतों में जिन्हें 'डकैत', 'लुटेरे', 'बवाली' कहकर सम्बोधित किया गया है, क्या वे वास्तव में डकैत थे?[33]

पुनः औपनिवेशिक शासन के लिए डकैत कौन हो सकते थे? इस सन्देहास्पद प्रश्न का उत्तर भी लोकसंस्कृति में ढूँढ़ा जा सकता है।

मैं यहाँ बहुत विस्तार में न जाकर बस एक उदाहरण प्रस्तुत कर रहा हूँ। 26 मार्च, 1858 को आजमगढ़ में विद्रोहियों ने कोतवाली पर आक्रमण किया, औपनिवेशिक प्रतीकों को क्षति पहुँचाई। इस घटना में भाग लेनेवालों को 'फर्दर पेपर्स रिलेटिव टू म्युटिनी इन द ईस्ट इंडीज, पृष्ठ 130' (पार्लियामेंटरी पेपर्स में संकलित) आजमगढ़ में स्थानापन्न सब असिस्टेंट के लेफ्टिनेंट नाटसन के नाम एक पत्र में 'डकैत' कहा गया है,

जबकि एक लोकगीत में इसी घटना की छवि देखिए :

मत घबरइह ऽऽ... कुँअर अमर भइया
आजमगढ़ में चलत बा लड़इया
किलवा लुटाई, लुटाई कोतवलिया
मत घबरइह...ऽ... कुँअर अमर भइया।[34]

इस लोकगीत से स्पष्ट होता है कि भारतीय घटनाओं के लिए औपनिवेशिक संज्ञाओं पर प्रश्न खड़े किए जाने चाहिए। समस्त औपनिवेशिक संज्ञाओं एवं निर्णयों को नए सन्दर्भ में समझने में लोकसंस्कृति हमारी सहायता कर सकती है।

इसके अतिरिक्त लोकसंस्कृति का अध्ययन कर हम इस महान जन-संग्राम में 'नेतृत्व' एवं 'जन-जुड़ाव' की समस्या को समझने की दिशा में प्रगति कर सकते हैं। भोजपुरी क्षेत्र में कुँवर सिंह से सम्बन्धित जनप्रिय लोकगीतों के अध्ययन से लोकराष्ट्रवाद की संरचना पर भी प्रकाश पड़ता है। लोकराष्ट्रवाद में आवाहन (अह) एवं आबद्धीकरण का स्वरूप कैसा था? लोक के पास इसके लिए कौन-कौन-सी विधियाँ एवं प्रविधियाँ थीं। वस्तुतः लोक एक ही संग अपने 'स्वयं' का (आत्मचेतना, आत्मशक्ति का) एवं अपने द्वैत का आवाहन करता है। सही आवाहन चेतना के स्तर आबद्धीकरण का मनोवैज्ञानिक आधार होता है। यह आवाहन प्रायः लोकगीतों एवं लोकगाथाओं के माध्यम से किया जाता है। यह अपने स्वरूप में वीरता (ललकार), करुणा (वेदना का चित्रण), गाली की शक्ल में किरिया धराना, तिलाक धरना तथा शपथ देने के रूप में किया जाता है। औपनिवेशिक काल में इसका एक रूप 'पतिया' भी था, जिसमें गाली की शक्ल में शपथ देकर चिट्ठी लिखकर एक गाँव दूसरे गाँव को भेजता था। इस तरह की कुछ 'पतिया' का संकलन प्रो. ज्ञानेन्द्र पांडेय ने अपने शोधकार्य में किया है। वस्तुतः 'पतिया' में लिखा जानेवाला कथ्य अपने विषय-वस्तु एवं रूप में लोक-कहावत के एक विशेष प्रकार से लिया गया है। वस्तुतः यह एक मौखिक विधा है, जो बाद में लिखा भी जाने लगा। 'गाँव-गाँव में डुग्गी बाजल' मौखिक लोक कवित्त का कथ्य भी 'पतिया'

जैसा ही है। इसका भावार्थ है—

गाँव-गाँव में 'डुग्गी' बज रही है, बाबू कुँवर सिंह की दुहाई। लोह चबाने का आमन्त्रण है (वीरतापूर्ण कार्य करने का आमन्त्रण है।) जान देने का आमन्त्रण है, औरतों के सन्दर्भ में चूड़ी फोड़वाने, सिन्दूर पोंछवाने, विधवा हो जाने का आमन्त्रण है (अर्थात अपने पतियों को महान कार्य के लिए कुर्बान करने का आमन्त्रण है, यदि आप शहादत के लिए तैयार नहीं हैं तो हमारा आमन्त्रण हमें वापस दीजिए)। इस प्रकार इस माध्यम से लोक एक तो अपने अन्तर्मन को भीषण संघर्ष के लिए तैयार करता है, दूसरे, इसके माध्यम से वह दूसरों को भी इसके लिए आवाहन करता है। जो इसे गाता है वह मनोवैज्ञानिक रूप से अपनी अन्तश्चेतना को संघर्षकामी बनाता है, पुनः जो इसे सुनता है उसका मन भी संघर्षकामी बनता है। वस्तुतः यह एक प्रकार की ललकार है। लोकचेतना 'ललकार' के अतिरिक्त आवाहन के लिए करुणा का भी इस्तेमाल करती है। इसका एक उदाहरण देखें :

चिट्ठिया जो लिखि-लिखि भेज ले कुँवर सिंह
सुनहु अमर सिंह भाई हो मोर
बात के खातिर बाबू कुँवर सिंह
ले ले फिरंगिया से रार हो भाई।

यहाँ सारी करुणा 'हो भाई' के सम्बोधन में छिपी हुई है।

लोकचेतना 'आवाहन' के लिए समकालीन तथा इतिहास की प्रेरक कथाओं एवं नायकों के वृत्तान्त का भी उपभोग करती है। इस सन्दर्भ में लोककवित्त का यह अंश द्रष्टव्य है :

देख दानापुर में होवे ला लड़इया
सुन-सुन मोर भइया होना।

आवाहन के साथ ही साथ लोकचेतना संघर्ष में संगठन के लिए आबद्धीकरण की प्रक्रिया अपनाती है। आबद्धीकरण की प्रक्रिया दो आधारों—भय की रचना एवं भविष्य के सुखद स्वप्न इन दो आधारों पर अलग-अलग ढंग से सम्पन्न होती है। इसके लिए लोक पाप-पुण्य एवं पुनर्जन्म इत्यादि के तर्कों का इस्तेमाल करता है। इसकी आन्तरिक गतिकी को यूँ समझा जा सकता है, यथा—A नहीं करोगे तो B हो जाएगा।

भोजपुरी जगत में एक लोककवित्त इस सन्दर्भ में द्रष्टव्य है :

जेना दिही कुँअर सिंह के साथ
उ अगीला जन्म मे होई सुअर
ओकर बाद होई भुअर

अर्थात, जो कुँवर सिंह का साथ नहीं देगा, वह अगले जन्म में सुअर होगा।

साहित्य अमीन ने अपने शोध-पत्र 'गाँधी ऐज महात्मा' (सबॉल्टर्न स्टडीज खंड) में गाँधी के सम्बन्धों में गोरखपुर के आसपास प्रचलित जिन अफवाहों का संकलन किया है, उनमें भी इसी प्रकार का ढाँचा मिलता है। यथा-गाँधी जी की सभा में नहीं चलोगे तो तुम्हारा दही सड़ जाएगा।[35]

आबद्धीकरण की दूसरी प्रविधि के रूप में लोक फल की आस जगाता है। यथा-यह काम करोगे तो स्वर्ग मिलेगा। ऐसा करोगे तो पुण्य मिलैगा आदि-आदि।

विभिन्न लोक-भाषाओं में 1857 ई. के गदर के दिनों के लोकप्रिय आवाहन प्रचलित हैं। इनका अध्ययन कर हम आन्दोलन में 'जन-जुड़ाव के ढाँचे एवं प्रक्रिया को' समझ सकते हैं। भोजपुरी में प्रचलित ऐसा ही एक 'आवाहन' यहाँ उद्धृत है :

गाँव-गाँव में डुग्गी बाजल, बाबू के फिरल दुहाई—
लोहा चबवाई के नेवता बा, सब साज आपन दलबादल।
बा जाम गवाँवई के नेवता, चूड़ी फोरवाई के नेवता
सिन्दुर पोंछवावई के नेवता, बा राँड़ कहवावई के नेवता
जेई हो हमार ते माथ देई, जेई हो हमार ते साथ देई।
बा इहाँ न मौका समझई के, बा इहाँ न मौका बूझइके
कीतो फैरौ नेवता हमार, की तो तइयार हो जूझइके ।।

—वीर कुँवर सिंह, लेखक-उदयनारायण सिंह,
परिशिष्ट, पृष्ठ 335

'लोकसंस्कृति' हमें भारतीय समाज में 'पुनर्जागरण' के प्रश्न को सुलझाने एवं समझने में सहायता कर सकती है। औपनिवेशिक काल में लोकसंस्कृति में नागर संस्कृति के समानान्तर पर उससे थोड़ा भिन्न एवं सर्वथा मौलिक जागरण की छवि लोकगीतों एवं लोककवियों की रचनाओं

में प्राप्त होती है। यदि नागर संस्कृति एवं अभिजात, शिक्षित, मध्यवर्गीय संस्कृति में घट रही उस संघटना को पुनर्जागरण कहते हैं तो लोकसंस्कृति में जागरण के इन प्रतीकों को क्या कहा जाए? 'पुनर्जागरण' शब्द की अभी तक गढ़ी गई अवधारणा शायद ही अपने में इस अजस्र चेतना को समाहित कर पाए।

भारतीय राष्ट्रीय आन्दोलन के नेतृत्व की कौन-सी छवि जन-मानस में बन रही थी? 'जन' से उनका सम्बन्ध किस प्रकार का था और जन का किस तरह का सम्बन्ध उनसे था? इन सारे प्रश्नों का लोकसंस्कृति में उत्तर ढूँढ़ने का प्रयास किया जा सकता है।

इस प्रकार लोकसंस्कृति में ऐसे अनन्त स्थान हैं जिनसे हम भारतीय राष्ट्रवाद के इतिहास की पुनर्रचना कर सकते हैं।

लोकसंस्कृति पर हमारे अध्ययन की प्रविधि एवं सीमाएँ

'लोकसंस्कृति' पर शोध करने के लिए इतिहास के एक शोधक के रूप में हमारे पास कोई बनी-बनाई प्रविधि नहीं है। इसका मूल कारण है कि भारतीय इतिहास-लेखन में इस पर कोई सुसंगत कार्य अभी तक नहीं हुआ है। छिट-फुट कहीं-कहीं, इसके सम्बन्ध में मात्र चिन्ताएँ ही प्रकट की गई हैं। इसके विश्लेषण एवं इसमें छुपे इतिहास के सत्यों के लिए प्रविधि के बारे में तो अभी तक न के बराबर चिन्तन हुआ है। 'लोकसंस्कृति' और इतिहास को लेकर जो भी कार्य हुए हैं, वे पश्चिमी देशों में हुए हैं। अन्तःसंज्ञान के क्षेत्र में हमारे समक्ष पश्चिम में विकसित प्रविधि है। यहाँ एक प्रश्न विचारणीय है कि पश्चिमी प्रविधि भारतीय लोकसमाज के अध्ययन के लिए कितनी प्रासंगिक हो सकती है? भारतीय समाज जो अत्यन्त जटिल है जिसके स्तरों को खोलना, रहस्यों का भेदन करना भारतीय विद्वानों के लिए कठिन होता जा रहा है, ऐसे में पश्चिमी प्रविधि कैसे हमारे लिए उपयोगी हो सकती है? पुनः लोकसंस्कृति पर काम करने के लिए उस लोकसमाज की आत्मा, उसकी भाषा, उसके बिम्बों एवं प्रतीकों की व्याख्या करने की समझ आवश्यक है। अतः इसके लिए एक 'देशज प्रविधि' की आवश्यकता है जो विभिन्न भारतीय ज्ञानों

के अन्त:संवाद से ही सम्भव है।

हम इस क्षेत्र में अभी प्रविधि के विकास के दौर से गुजर रहे हैं। लोकसंस्कृति के अध्ययन के लिए ऐतिहासिक-भौगोलिक (Historical-Geographical), ऐतिहासिक पुनर्रचना की प्रविधि, वैचारिक, मनोविश्लेषकीय, संरचनावादी, (Functional Structural), सन्दर्भवादी (Contextual) प्रविधि का उपयोग किया जा सकता है। हमने इस अध्ययन में आवश्यकतानुसार इन समस्त प्रविधियों में से उपयोगी प्रविधियों का उपयोग किया है। वैसे मूल रूप से मैंने व्याख्यात्मक प्रविधि (Interpretative Method) का प्रयोग किया है। अपना दृष्टिकोण मैंने अन्त:अनुशासनिक रखा है। आवश्यकतानुसार मुझे समाज विज्ञान, नृतत्त्व विज्ञान की भी तकनीकों का प्रयोग करना पड़ा है। इसमें मौखिक तथा लिखित दोनों स्त्रोतों का मैंने उपयोग किया है।

इस प्रकार भारतीय इतिहास-लेखन के पास इस सन्दर्भ में एक सुसंगत प्रविधि के अभाव में हमारी सीमाएँ स्पष्ट हैं। मौखिक स्त्रोतों का उपयोग इस अध्ययन में मेरी आवश्यकता भी है, मजबूरी भी। इन स्त्रोतों की सीमाओं को समझते हुए भी इनका उपयोग मुझे आवश्यक लगा है।

सन्दर्भ

1. पीटर बर्क, पॉपुलर कल्चर इन अरलि मेडिवल यूरोप, पृष्ठ 9
2. वही
3. वही, पृष्ठ 10
4. वही, पृष्ठ 9
5. श्री जी.ए. ग्रियर्सन का इंडिसन एंटिक्वेरी, इन्हीं प्रवृत्तियों के प्रमाण हैं
6. पं. रामनरेश त्रिपाठी का 'भोजपुरी लोकगीत' तथा ग्राम साहित्य जनपद पत्रिका, अक्टूबर, 1992, इसी प्रवृत्ति की सूचक है
7. कृष्णदेव उपाध्याय के लोकसंस्कृति पर किए गए कार्य :
   (क) लोकसाहित्य की भूमिका, साहित्य भवन, 1957
   (ख) भोजपुरी लोकसंस्कृति, हिन्दी साहित्य सम्मेलन, प्रयाग
   (ग) भोजपुरी लोकगीत—लोकसंस्कृति शोध संस्थान, वाराणसी
8. पीटर बर्क, पॉपुलर कल्चर इन अरलि मेडिवल यूरोप, पृष्ठ 15
9. वही

10. वही, पृष्ठ 22
11. इवेजिन वेबर 'पीजेंट्स इन फ्रेंच मैन—द मॉडर्नाइजेशन ऑफ मॉडर्न फ्रान्स (1870-1934) स्टैनफर्ड
12. ब्लादिमीर प्रोप, 'थ्योरि एंड हिस्ट्री ऑफ फॉकलोर' (अरिदुआ वाई. और रिचर्ड पी. मार्टिन द्वारा अनूदित और अनातोली लिबरमैन द्वारा सम्पादित) मैनचेस्टर, 1984, मैनचेस्टर यूनिवर्सिटी प्रेस, पृष्ठ 3
13. ई.पी. थॉम्पसन, फॉकलोर, एन्थ्रोपोलॉजी एंड सोशल हिस्ट्री (इंडियन हिस्टॉरिकल रिव्यू, वाल्यूम II, नम्बर 2, जनवरी, 1977)
14. अनिल शील, द इमर्जेन्स ऑफ इंडियन नेशनलिज़्म, कम्पटीशन एंड कोलावरेशन इन द लैटर नाइन्टीन्थ सेन्चुरी (कैम्ब्रिज, 1968)
15. जे.एच. बुमफील्ड, इलिट कॅन्फलीक्ट इन ए प्लुरल सोसाइटी—ट्वेन्टीथ सेन्चुरी बंगाल (बर्कले, 1968)
16. विपिन चन्द्र का अध्ययन, द राइज एंड ग्रोथ ऑफ इकॉनामिक नेशनलिज़्म इन इंडिया, पी.पी.एच. (1966)
17. रणजीत गुहा द्वारा सम्पादित सवॉल्टर्न स्टडीज विभिन्न जिल्दों से उभरकर आई उपाश्रयी अध्ययन की प्रवृत्ति
18. विपिन चन्द्र, मृदुला मुखर्जी, आदित्य मुखर्जी आदि, भारत का स्वतन्त्रता संघर्ष, भूमिका, पृष्ठ 16 (हिन्दी माध्यम कार्यान्वयन निदेशालय, दिल्ली वि.वि.)। इसका अंग्रेजी संरकरण 'पेन्गविन' से प्रकाशित है
19. डेविड हार्डिमैन का शोध-पत्र आदिवासी असर्शन इन साउथ गुजरात—देवी मूवमेन्ट 1922-23, रणजीत गुहा द्वारा सम्पादित सवॉल्टर्न स्टडीज वाल्यूम III में संकलित
20. प्रो. ज्ञान पांडेय का शोध कार्य ओ.यू.पी. से प्रकाशित है जिसमें उन्होंने 1926- 34 से कांग्रेस संगठन के रचनाशास्त्र एवं जन-सम्बन्धों का अध्ययन किया है
21. नीहार रंजन रे बंगालीर इतिहास (बंगला भाषा में), कलकत्ता 1966, (संस्करण) लेखक समावय समिति पृष्ठ 3
22. देखें, जी.डी. कोशाम्बी का अध्ययन 'मिथ एंड रियलिटी बॉम्बे, 1962, पॉपुलर प्रकाशन
23. सुमित सरकार, सामाजिक इतिहास स्थिति और संभावनाएँ साँचा मई, 1988
24. नीलार्दी भट्टाचार्य 'लोकसंस्कृति का एजेंडा' सेंटर फॉर हिस्टॉरिकल स्टडीज, जे. एन. द्वारा आयोजित 'नव इतिहास' पर हुए सेमिनार में प्रस्तुत शोध-पत्र
25. लालबहादुर वर्मा 'इतिहास के बारे में' प्रकाशन संस्थान दिल्ली, पृष्ठ 17
26. इस दिशा में डॉ. उदयनारायण तिवारी द्वारा भोजपुरी कहावतों का संकलन प्रकाशित अप्रैल 1939, डॉ. धीरेन्द्र वर्मा का इस दिशा में प्रयास द्रष्टव्य है
27. प्रमुख नृतत्व शास्त्रियों में एल्विन एंड हिवेल, सांग्स ऑफ फारिस्ट, जार्ज एलेन एंड

अनवीन, द फॉकटेल्स ऑफ महाकोशल बॉम्बे, 1944 (ओ.यू.पी.) जी.ए. गैरिसन, सम भोजपुरी फॉकसॉग्स, जे.आर.ए.एस. जिल्द xviii (1984); एस.सी. दुबे, द कमारस (लखनऊ)

28. ग्रामीण लोक में क्लासिकी समय की अवधारणा पौराणिक है जिसके अनुसार भगवान विष्णु को कालस्वरूप माना गया है। 15 निमेष = 1 काष्ठा, 30 काष्ठा की एक कला, तीस कला का एक मुहूर्त, तीस मुहूर्त का एक दिन-रात! उतने ही दिन-रात का दो पक्ष युक्त एक मास होता है। 6 महीने का एक अयन। दक्षिणायन् और उत्तरायन दो अयन मिलकर एक वर्ष होता है
देवताओं का 12 हजार वर्षों का सत्युग, त्रेता, द्वापर और कलियुग चार युग होते हैं। लोक में इस पौराणिक समय की अवधारणा को आवश्यकतानुसार उपयोग करते हुए, सामान्य लोगों ने चैत, माघ, फाल्गुन जैसे मास; हथिया, भद्रा, स्वाति नक्षत्र निर्मित कर लिए हैं। मौखिक साक्षात्कारों से यह भी स्थापित होता है कि निरक्षर कृषक जनता घटनाओं से अप्रत्यक्ष से प्रत्यक्ष तक पहुँचने के क्रम में समय को पकड़ती है। यहीं समय की सीधी अवधारणा प्राप्त हो जाने की सुविधा नहीं है
29. डॉ. सौमेन सेन, इंटर डिस्पलिनरी स्प्रोच टू फॉकलोर स्टडीज नॉर्थ—ईस्टर्न हिल यूनिवर्सिटीज, जॉर्नल ऑफ सोशल साइंसेज एंड हुमानिटीज (जनवरी-मार्च-1993
30. सर्वदेव तिवारी 'राकेश', 'कालजयी कुँवर सिंह' पन्द्रहवी सर्ग, पृष्ठ-315, भोजपुरी अकादमी, पटना का प्रकाशन
31. ओरल हिस्ट्री कैसेटन नं. (I) जगदीशपुर निवासी बाबू रामशरन सिंह के साक्षात्कार पर आधारित
32. उसी में जगदीशपुर निवासी रागउदय मिश्र के स्वर में ध्वन्यांकित संकलन—व्यक्तिगत
33. शाहिद अमीन—'गांधी एज महात्मा' सबॉल्टर्न स्टडीज, खंड 3, ओ.यू.पी. दिल्ली
34. अंग्रेजों द्वारा 1871 ई. में लागू किए गए अपराधी जनजाति अधिनियम की परिधि में बीसवीं सदी के मध्य तक अनेक जातियों तथा जनजातियों के करीब एक करोड़ तीस लाख लोगों को सनेट लिया गया और उन सबके विरुद्ध विशेष दंडादि का विधान कर दिया गया। इसका आधार यह धारणा थी कि कुछ वर्गों के लोग जन्मत: वा आदतन अपराधी होते हैं और उनकी प्रवृत्ति पीढ़ी-दर-पीढ़ी चलती रही है। प्राय: इसमें गरीब और निम्न कोटि के धंधे करनेवाले लोग थे। उदाहरणार्थ—मगडिया डोम। इस अधिनियम की धाराएँ 1897, 1911, 1947, 1947 में संशोधित की गई और अंत में 1952 में इसे रद्द कर दिया गया। (डेंजरस कास्ट्स एंड ट्राइब्स, द क्रिमिनल ट्राइब्स ऐक्ट एंड द मगहिया डोम्स ऑफ नार्थ ईस्ट इंडिया, यांग द्वारा सम्पादित क्राइम एंड, क्रिमिलिटी इन ब्रिटिश इंडिया (यूनि. ऑफ ऑरिजोना प्रेस, 1945), पृष्ठ 108-27
35. ओरल हिस्ट्री कैसेट नं.1 में संकलित, संकलन व्यक्तिगत

तृतीय अध्याय

रचना काल (1857-1900 ई.)

लोक-सजगता एवं सुखदेव भगत की संघटना का वृत्तान्त

ईमानदार इतिहास का पहला कार्य अनुपयोगी और गैर-ईमानदार प्रकारों के छल को खोलना तथा उन्हें निकाल बाहर करना है।

—*लेविस नेमियर*

उपाश्रयी समुदाय की एक-एक गतिविधि का अंकन 'पूर्ण इतिहासकार' के लिए अन्यतम महत्त्व का कार्य होना चाहिए। परिणामत: ऐसा इतिहास मोनोग्राफ की शैली में रचा जा सकता है जिसमें तथ्यों का अन्यतम भंडार अत्यन्त श्रम से इकट्ठा किया गया हो।

—*अन्तोनियो ग्राम्शी*

सुखदेव भगत का जन्म माघ मास, 1840 ई. में हुआ था।[1] उनके पिता का नाम रामचन्द्र भगत था किन्तु उन्हें लोग पुकार के नाम 'बगुला भगत' कहकर पुकारते थे।[2] वे उत्तर प्रदेश के बलिया जिले के एक छोटे से ग्राम 'धथुरी टोला'[3] के निवासी थे।[4] वे न काशी गए और न कलकत्ता, पर 11 वर्ष की उम्र से ही कवित्त कहने लगे।[5] उनके पिता शिवनारायणी पन्थ[6] को माननेवाले थे। फलत: उन्होंने भी इस लोकप्रिय पन्थ का ही पालन किया।[7] 17 वर्ष की उम्र से ही वे चेला मूँड़ने लगे।[8] अर्थात बलिया, गाजीपुर, बिहार के—शाहाबाद, छपरा इत्यादि स्थानों में भ्रमण कर गरीब एवं पिछड़ी जाति के लोगों को उपदेश देने लगे।[9] उनके उपदेश सरल, सुबोध, चेतन एवं आलोचनात्मक होते थे।[10] वे जिन विधाओं में अपने कथ्य अभिव्यक्त करते थे, उनमें लोकोक्तियाँ, उपदेशगीत, लोककथाएँ

एवं सम्भाषण होते थे।[11] उनकी भाषा भोजपुरी थी। उनके शिष्यों की समाप्त हो रही परम्परा में से कुछ अब भी जीवित हैं। उनके अधिकांशतः शिष्य काल-कवलित हो गए। सुखदेव भगत जाति के दुसाध थे।[12] उनकी मृत्यु 1899 ई. में गंगा के तट पर अवस्थित बक्सर के पास एक गाँव ईटाढ़ी में हुई।[13]

उनका काल

काल से हमारा तात्पर्य उस सामाजिक, आर्थिक और निरन्तर परिवर्तनशील घटनाओं से है, जो सुखदेव भगत के समय में निरन्तर घटित हो रही थी। वस्तुतः 1840 ई. से 1899 ई. तक का उनका 59 वर्ष का यह कालखंड भारत के तीव्रतर औपनिवेशिकीकरण एवं उसके विरुद्ध प्रतिक्रिया का काल है।[14] इसी कालखंड में औपनिवेशिक नीति-निर्माताओं ने अत्यन्त सुनियोजित एवं आधुनिक ढंग से भारत के शोषण के कार्य को सम्पन्न किया। विकास 'शोषण के लिए' की नीति पर चलते हुए उन्होंने भारत में संचार के आधुनिक संसाधन रेलवे (1853) टेलीग्राफ इत्यादि का विकास किया। इससे सम्पूर्ण भारत एक इकाई के रूप में शनैः-शनैः परिवर्तित होने लगा था।[15] किन्तु पूर्वी प्रदेशों में बलिया, गाजीपुर, शाहाबाद के दूरस्थ ग्रामों में इन संचार-साधनों का इस कालखंड में तनिक भी विकास न हुआ। अतः इस क्षेत्र की जनता का इन संचार-साधनों से सीधा सम्बन्ध नहीं बना, बल्कि अप्रत्यक्ष रूप से लोगों की चेतना में इन औपनिवेशिक प्रयासों के प्रति भय, आकर्षण एवं लोक आलोचना की सम्मिश्रित प्रतिक्रिया प्रस्फुटित हुई।[16] इन क्षेत्रों के अधिकांश लोगों ने बहुत दिनों बाद रेल देखी। रेल देखकर उनके मन में प्रथम प्रतिबिम्ब 'राक्षस' का बना।[17]

इस समय बनारस सम्पूर्ण पूर्वी उत्तर प्रदेश एवं बिहार के कुछ भाग की सामाजिक, आर्थिक, बौद्धिक राजधानी के रूप में अवस्थित था।[18] इसकी सांस्कृतिक हलचलें आसपास को अवश्य ही प्रभावित करती होंगी। किन्तु इसी के साथ दूरस्थ लोक जगत का प्रभाव इन तन्त्रों से कटाव एक सत्य के रूप में परिलक्षित होता है। 1857 ई. के विद्रोह ने व्यापक रूप से इस

क्षेत्र को प्रभावित किया। लोकचेतना में अवस्थित औपनिवेशिक प्रयासों के प्रति आलोचना एवं भय ने इस आन्दोलन में अपने को क्रियाशील किया। इसलिए डॉ. रामविलास शर्मा 1857 ई. के आन्दोलन को 'हिन्दी क्षेत्र के पुनर्जागरण का गोमुख' मानते हैं।[19] इस महान घटना के समय सुखदेव भगत की आयु केवल 17 वर्ष की थी, फिर भी वे घूम-घूमकर अपने शिष्यों को इस आन्दोलन में भाग लेने को उत्साहित व प्रेरित करते थे।[20]

इस क्षेत्र के उत्तर मध्यकाल में कस्बों और बाजारों का विकास तेजी से हुआ था। फलत: लोकचेतना का कस्बों की चेतना के साथ सम्बन्ध पूर्व औपनिवेशिक काल में ही हो चुका था। समाज वैज्ञानिक ढंग से देखने पर इस कालखंड की एक विशेषता यह स्पष्ट होती है कि नागरचेतना के साथ लोकचेतना का एक सहभागी किन्तु 'आत्मनिर्भर' सम्बन्ध विकसित हुआ।

लोक-बौद्धिकता की रचना-प्रक्रिया

लोक-बौद्धिकता की रचना-प्रक्रिया नागर-बौद्धिकता की रचना-प्रक्रिया से भिन्न होती है। इस सम्बन्ध में अन्तोनियो ग्राम्शी की अवधारणा है कि नागर-बौद्धिकता औद्योगिक विकास के समय विकसित होती है एवं इसी के साथ इसका भाग्य जुड़ा होता है। उनमें निर्माण की योजना बनाने की स्वत:स्फूर्त पहल नहीं होती। उनकी सम्पूर्ण चेतना में जोखिम उठानेवाला (Interprenure) और उससे सम्बन्धित जनता के बारे में विचार का हिस्सा ज्यादा होता है। इनमें सामान्य नागर-बौद्धिक अधिक मानकीकृत होता है किन्तु सर्वोच्च नागर-बौद्धिक अपने को औद्योगिक बौद्धिक के रूप में स्थापित करता है।[21]

ग्रामीण-बौद्धिक का अधिकांश भाग पारम्परिक होता है। वे देहात की जनता के ग्रामीण आधार से जुड़े होते हैं। उनका सम्बन्ध कस्बों, छोटे शहरों, पेटी बुर्जुआ वर्ग से होता है। इस प्रकार का बुद्धिजीवी वर्ग ग्रामीण जनता को स्थानीय एवं राज्य प्रशासन के विभिन्न वर्गों के समीप लाता है। इस प्रकार के कार्यों के कारण उसके प्रयास जाने-अनजाने में राजनीतिक एवं सामाजिक गतिविधि हो जाते हैं। ग्रामीण बौद्धिकों (पुजारी, कानूनविद, लेखक, शिक्षक) का जीवन-स्तर सामान्य कृषकों के जीवन-स्तर से ऊँचा होता है।[22]

ग्राम्शी के प्रति सम्पूर्ण आदर प्रकट करते हुए भी मैं यह प्रस्तावित करना चाहूँगा कि ग्राम्शी की इस अवधारणा का भारत में लोक-बौद्धिकता के निर्माण की प्रक्रिया के अध्ययन के लिए कुछ मात्रा में ही उपयोग किया जा सकता है। सुखदेव भगत के स्वरूप एवं ग्राम्शी की अवधारणा में कुछ तो सामान्यताएँ हैं, यथा—उनका पारम्परिक होना, किसान जनता से सम्बन्ध, छोटे शहरी एवं पेटी बुर्जुआ वर्ग से सम्बन्ध, उनके कार्यों का जाने-अनजाने राजनीतिक हो जाना इत्यादि। किन्तु उनमें मूल भिन्नता है कि सुखदेव भगत एक अछूत एवं अत्यन्त पिछड़ी जाति से जुड़े हुए थे। अतः उनका जीवन-रतर सामान्य किसान से भी निम्न था। दुसाध जाति के इस बौद्धिक की बौद्धिकता की निर्माण की प्रक्रिया लोक-संसार में सम्मिलित उच्चवर्गीय बुद्धिजीवी वर्ग के निर्माण की प्रक्रिया से भिन्न है। उनकी चेतना के निर्माण में तत्कालीन प्रभावी परम्परा द्वारा उनका सदियों से तिरस्कार किए जाने के कारण उसके प्रति कुंठा एवं कुंठाजनित आकर्षण एवं विरोध का स्वर सुनाई पड़ता है। जिस परम्परा के प्रति उनके मन में विरोध है, उसी के प्रति आकर्षण भी है। यह भारतीय लोक में अछूत बौद्धिकों को द्वैध है। पेटी बुर्जुआ वर्ग एवं सम्भ्रान्त वर्ग सुखदेव भगत को निम्न जाति का समझकर हेय दृष्टि से देखता था, अतः उनका सामाजिक आधार लोक में भी विशेषकर निम्न वर्ग के लोक में था। लोक-बौद्धिकता एवं नागर-बौद्धिकता दोनों के निर्माण के लिए सामाजिक-राजनीतिक परिवेश ब्रितानी उपनिवेशवाद ने ही उपस्थित किए। उस काल में विकासमान राष्ट्रीय आन्दोलन ने इसके निर्माण की प्रक्रिया को तीव्र किया। किन्तु दोनों में अन्तर यह है कि लोक-बौद्धिकता में 'स्वतःस्फूर्तता' के तत्त्व ज्यादा हैं। 'स्वतःस्फूर्तता' निम्न वर्गों के इतिहास का प्रमुख चरित्र है। इस 'स्वतःस्फूर्तता' में जागरूक नेतृत्व के अनेक तत्त्व निहित होते हैं किन्तु उनमें कोई एक तत्त्व प्रभावी नहीं होता है। वस्तुतः प्रत्येक स्वतःस्फूर्त चेतना जो आन्दोलन में रूपान्तरित होती है अपने में जागरूक नेतृत्व को गुप्त ताप के रूप में छुपाए रहती है।[23] कुछ वर्ग इसे वस्तुनिष्ठ तकनीक के रूप में प्रयोग करते हैं। लोक-चेतना में स्वतःस्फूर्तता को उनकी सहज स्वाभाविक प्रतिक्रियाओं के रूप में प्रचलित लोक-मुहावरों से समझा जा सकता है।

यहाँ पर स्वत:स्फूर्तता का तात्पर्य 'निरपेक्ष स्वत:स्फूर्तता' से नहीं है। यूँ भी व्यावहारिक रूप से निरपेक्ष स्वत:स्फूर्तता असम्भव है। नागर-बौद्धिक का सम्बन्ध बड़े नगरों में होने एवं सूचना एवं संचार साधनों से जुड़े होने के कारण राष्ट्रीय आन्दोलन की गतिविधियों से सीधा किन्तु स्टीरियोटाइप था। लोक-बौद्धिकता अत्यन्त पिछड़े गाँवों में विकसित हो रही थी। अत: मुँह से मुँह, कान से कान होती हुई खबरें उन तक पहुँचती थीं। परन्तु अपनी अत्यन्त संवेदनशीलता एवं स्वत:स्फूर्तता के कारण औपनिवेशिक अनुभवों के प्रति यह वर्ग नगरीय बौद्धिकों से अत्यधिक तीव्र प्रतिक्रिया करता प्रतीत होता है। अपने सामाजिक एवं सांस्कृतिक वातावरणजनित कुछ विशिष्ट तत्त्वों के कारण उनका राष्ट्रीय चेतना से अधिक रचनात्मक एवं चेतना के स्तर पर अधिक सघन सम्बन्ध दृष्टिगोचर होता है।

नागर-बुद्धिजीवी वर्ग में जो उपनिवेशवाद के प्रति द्वैध की प्रवृत्ति दिखाई पड़ती है, उसे भारतेन्दु हरिश्चन्द्र के राजभक्ति और राष्ट्रभक्ति के सन्दर्भ में देखा जा सकता है।[24] वहीं लोक-बौद्धिकता ब्रितानी उपनिवेशवाद के प्रति विरोध की स्पष्ट दृष्टि रखती है। इसका प्रमुख कारण यह हो सकता है कि ब्रितानी उपनिवेशवाद ने प्रारम्भ से अन्त तक सर्वाधिक गाँवों को ही लूटा। किन्तु इस स्पष्टता की संरचना सरल न होकर अत्यन्त जटिल होती है। लोक-बौद्धिकता में भी द्वैध है किन्तु यह द्वैध अपनी परम्परा के प्रति लगाव एवं उसकी रूढ़ियों के विरोध का है।

किन्तु एक सामान्य लोक-बुद्धिजीवी एवं एक अछूत लोक-बौद्धिक में यह द्वैध थोड़ी भिन्नता के साथ विद्यमान रहता है। 'प्रभावी परम्परा' जब अछूत लोक-बौद्धिक को स्वीकार ही नहीं करती तो उससे लगाव क्या होगा? यहाँ पर लगाव के स्थान पर आकर्षण दिखाई पड़ता है। एक दमित चेतना स्वप्नलोक में इस आकर्षण की रचना करती है। अछूत लोक-बौद्धिक इसी के साथ पहली धारा के समानान्तर 'परम्परा की दूसरी धारा' की रचना करता है। यहाँ दूसरी धारा प्रभावी धारा से अधिक तार्किक एवं गतिशील भावों से ओत-प्रोत है। इसकी अभिव्यक्ति का माध्यम इसके प्रतीक, बिम्ब एवं कथनोपकथन अत्यधिक लोक अर्थों से पूर्ण एवं करुणा के निकट होते हैं। यह करुणा आत्मरुदन न होकर आलोचना के तत्त्वों से भरपूर एवं लोकशक्ति के निकट होती है।

सुखदेव भगत का सांस्कृतिक एवं बौद्धिक रूपान्तरण

सुखदेव भगत के सांस्कृतिक एवं बौद्धिक रूपान्तरण की प्रक्रिया एवं उसके रूपान्तरण के लिए प्रभावी तत्त्व अब तक अध्ययन की परिधि से बाहर रहे हैं। रूपान्तरण की यह प्रक्रिया अब तक अध्ययन के परिक्षेत्र में आए पुनर्जागरणकालीन सामाजिक कार्यकर्ताओं से थोड़ी भिन्न रही है।[25] क्योंकि जहाँ उनके अन्य समकालीन सामाजिक कार्यकर्ताओं एवं बुद्धिजीवियों का सम्बन्ध हिन्दू धर्म की पहली परम्परा से था, वहीं सुखदेव भगत का सम्बन्ध हिन्दू धर्म की लघु परम्परा (Little Tradition) से था। अब तक इतिहासकारों ने अपने अध्ययन का अधिकांश भाग जिन औपनिवेशिक बुद्धिजीवियों के अध्ययन में खर्च किया है, वे नागर-चेतना से युक्त थे। वहीं सुखदेव भगत लोक-चेतना से सम्बद्ध थे। लोक में भी सवर्ण और स्वीकृत चेतना से भिन्न सुखदेव भगत निम्नवर्गीय एवं तिरस्कृत चेतना के प्रतीक थे। इसके कारण उनके सन्दर्भ में तत्कालीन औपनिवेशिक समाज में संघर्ष एवं सहयोग के समीकरण भिन्न थे। उनके लिए तत्कालीन राज्य एवं समाज में अन्तर्विरोधों का ढाँचा वैसा ही नहीं था, जैसा राममोहन राय एवं भारतेन्दु हरिश्चन्द्र के लिए था। वैसा भी नहीं, जैसा निम्नवर्णीय किन्तु शिक्षित एवं नागर ज्योति बा फुले के लिए था। ज्ञातव्य है कि सुखदेव भगत का जन्म एक दुसाध परिवार में हुआ था, जो शिवनारायणी सम्प्रदाय को मानता था। अत: जन्म से ही उन्हें दुखों के रागों से पूरित भजन सुनने को मिले थे।[26]

शिवनारायणी सम्प्रदाय के संस्कार एवं श्रम गीतों में दुख की एक अन्यतम ध्वनि का समावेश होता है। इसकी संवेदनात्मक अनुभूति एक शिवनारायणी गीत में, यथा :

झींक लेहुँ झींक लेहुँ मानुस जड़ है जॉतवा
कि भइया आइल देवरू भुखाइल रे कि
केई देले गेहुमा रामा, देई देले रे चँगेलिया
कि आरे सखी हो! कवन बैरनिया भेजे जॅतसा रील रे की

अर्थात, रे जड़ जॉत! झींक लो और चलो! भइया आए हैं, देवर भूखे हैं। किसी ने गेहूँ दिया, किसी ने चँगेली। न जाने किस बैरन ने मुझे जैतसार भेज दिया।

इस गीत के रचनाकार का नाम शिवनारायण बताया जाता है। शिवनारायणी भजनों की रहस्यात्मकता ने उनकी अभिव्यक्ति की भाषा के निर्माण में महत्त्वपूर्ण भूमिका निभाई।[27] अत: उनकी सामाजिक प्रतिक्रिया की भाषा 'लोक की लघु परम्परा की भाषा' के ज्यादा निकट थी। उनकी वाक्य रचनाओं में रैदास, शिवनारायण जैसे भक्त सन्तों के बिम्ब निहित थे। ये बिम्ब अपनी प्रवृत्ति एवं प्रकृति में हिन्दू धर्म की लघु परम्परा की भाँति धार्मिक कम, धर्मनिरपेक्ष ज्यादा थे।[28]

तत्कालीन औपनिवेशिक समाज में सुखदेव भगत की चिन्ताएँ वैसी ही नहीं थीं जैसी राजा राममोहन राय या भारतेन्दु हरिश्चन्द्र की थीं। चूँकि सुखदेव भगत का सामाजिक लगाव एक अछूत, निरक्षर, लोक-बौद्धिक का लगाव था। अत: शिक्षित, नागर, सवर्ण-चेतना के दृष्टिकोण से उसकी भिन्नता स्वाभाविक ही है। यथा-सुखदेव भगत की चिन्ता विधवा-विवाह से अधिक अशिक्षित गँवई लोगों द्वारा घर में अपनी पत्नी को लाठी से पीटने से मुक्ति की ज्यादा थी। दहेज विरोध उनकी सामाजिक गतिविधि का मुख्य अंग था।[29] औपनिवेशिक राज के स्थानीय प्रशासन के भ्रष्टाचार एवं दमन के प्रति उन्होंने अनन्त प्रतिक्रियाएँ व्यक्त की हैं, क्योंकि औपनिवेशिक राज के स्थानीय प्रशासन का सम्बन्ध ग्रामीण समुदाय के दैनिक जीवन से था।

इस प्रकार सुखदेव भगत की चिन्ताओं एवं कार्यों का तत्कालीन स्थापित पुनर्जागरणकालीन व्यक्तित्वों एवं कृतित्वों के अन्तर को समझने के लिए सुखदेव भगत के कार्यों का अध्ययन करना आवश्यक प्रतीत होता है।

नदी पार करने का अभियान

सुखदेव भगत पूरबी क्षेत्र में नदी पार करने के प्रबल प्रवक्ता बनकर उभरे। भारत की रूढ़िगत लोकपरम्परा जो हिन्दू धर्म के बौद्धिक रूढ़ियों के प्रभाव में थी, नदी पार करने को धर्म विरुद्ध मानती थी। हालाँकि प्राचीनकाल में भारतीय नदी एवं समुद्र पार जाते थे और वहाँ व्यापार भी करते थे। किन्तु मानव का अपनी शक्ति पर भरोसा जैसे-जैसे कम हुआ और नदियों की भयावहता बढ़ी, नदी पार जाना लोक तर्कों के आधार पर निषिद्ध माना जाने लगा।[30] यह निषिद्धि धीरे-धीरे रूढ़ियों में परिवर्तित

होने लगी और इससे ग्रामीण समुदाय शनैः-शनैः व्यापार, संचार एवं आधुनिक सूचनाओं से पृथक होता गया। सुखदेव भगत ने जब शिष्य-परम्परा प्रारम्भ की तो उन्होंने मल्लाहों को ज्यादा शिष्यत्व प्रदान किया। इसके पीछे उनका तर्क था कि "मल्लाहे भवसागर पार कराई, मल्लाहे नदी पार कराई, मल्लाहे बक्सर पहुँचाई।"[31] अर्थात मल्लाह ही भवसागर पार कराएगा। मल्लाह ही नदी पार कराएगा और वही बक्सर पहुँचाएगा। इस वाग्मिता में नदी पार करने को भवसागर पार करने से जोड़कर इसके प्रति मानव लालसा को तीव्र किया गया है। इन पंक्तियों में बक्सर पहुँचने के सन्दर्भ का मैं यह अर्थ प्रस्तावित करता हूँ, चूँकि बक्सर बलिया के बाद गंगा नदी के पार है, जो उत्तर मध्यकाल से ही व्यापार का विकसित केन्द्र बन गया था अतः नदी पार कराने का अभियान चलाकर विकास एवं सूचनाओं से कटे ग्रामीण समुदाय को व्यापारिक केन्द्रों से जोड़ने की अवधारणा उनके मन में रही होगी। इस अभियान में वे प्रायः एक पारम्परिक लोकगीत का प्रयोग करते थे, जिसमें एक माँ नदी से विनती करती है कि "हे नदी, मेरे बेटे को नदी पार जाने दे, नदी पार जाएगा तो नमक तेल लाएगा, यहाँ घर में मेहमान आकर बैठा है।"[32]

सुखदेव भगत अपने प्रत्येक मल्लाह शिष्य को उपदेश देते थे कि कम-से-कम दो लोगों को आप नदी पार कराएँ, इससे आप स्वयं भी भवसागर पार कर जाएँगे।[33] इस प्रकार सुखदेव भगत भवसागर के प्रतीक का उपयोग कर, उसे नदी पार करने से जोड़कर तत्कालीन औपनिवेशिक एवं रूढ़िग्रस्त ग्रामीण अंचलों को व्यापारिक केन्द्रों, शहरों एवं तत्कालीन आधुनिक सूचना केन्द्रों से जोड़ना चाहते थे। साथ ही सामन्ती रूढ़ियों में बँधे निम्नवर्गीय लोगों को व्यापारोन्मुख भी करना चाहते थे। उनकी सोच एवं दृष्टिकोण का यह भाग उस समय के ग्रामीण भारत में एक प्रगतिशील एवं विकसित पग था।

रेल पर चढ़ने का समर्थन

1853 ई. में जब भारत में रेलवे का विकास हुआ तो धीरे-धीरे उसकी खबर गाँवों तक पहुँची। भोजपुरी लोक में बहुत दिनों बाद कुछ लोगों ने

रेल देखी।[34] उन लोगों ने आकर जब रेल का चित्र खींचा तो निरक्षर लोगों के मन में एक क्षण में रेल की छवि 'राक्षस' के रूप में बनी।[35] यहाँ 'राक्षस' का बिम्ब दो अर्थों को अभिव्यंजित करता है। एक अर्थ में, रेल अपने शारीरिक रूप में राक्षस लगती है; दूसरे अर्थ में, वह औपनिवेशिक सत्ता के राक्षसी चरित्र का चित्र भी खींचती है। प्रारम्भ में रेल से निरक्षर ग्रामीण डरते थे।[36] सुखदेव भगत ने रेल पर चढ़ने का, रेल को स्वीकार करने का समर्थन किया। वे प्राय: अपने भाषणों में एक कवित्त का उपयोग करते थे :

डर ऽऽ मत, रेल पर चढ़ऽऽ।[37]

वे सम्भवत: रेल की महत्ता को सनझते थे-जो भारतीय लोक की जड़ता को तोड़ेगी, लोगों के व्यापार का विकास होगा, आधुनिक दुनिया से उनका संवाद भी होगा। लोक में रेल का यह समर्थन 'भारतेन्दु की राज्यभक्ति' की तरह का नहीं था। सुखदेव भगत की इसी समय की विकसित तार्किक अभिव्यक्ति एक पारम्परिक भोजपुरी लोकगीत में दिखाई पड़ती है:

रेलवा न बैरि, जहजवा ना बैरि'
से पइसवा बैरि ना ऽऽ...,
मोर सइयाँ के बिलमावे से
पइसवा बैरि नाऽऽ...[38]

अर्थात, रेल हमारी विरोधी नहीं है, जहाज भी हमारा विरोधी नहीं है, हमारा विरोधी तो वह पैसा है, जो हमारे पति को खींचकर बाहर ले जा रहा है।

नारी-समस्या के प्रति सुखदेव भगत का दृष्टिकोण

नारी-समस्या के प्रति सुखदेव भगत का दृष्टिकोण के प्रति एक बेहतर समझ विकसित करने के लिए मुझे यह जरूरी लग रहा है कि औपनिवेशिक समाज में नारी की स्थिति और औपनिवेशिकता का नारी के प्रति दृष्टिकोण को समझा जाए।

ब्रितानी उपनिवेशवाद के आने पर भारत में आर्थिक गतिशीलता तो बढ़ी किन्तु आर्थिक विकास के क्षेत्र में कई दुर्घटनाएँ भी हुईं, यथा :

औद्योगिकीकरण, हस्तशिल्प एवं ग्रामीण उद्योगों का पतन। अपने नवीन-शोध अध्ययन में सूजी थारू का मानना है कि इन आर्थिक दुर्घटनाओं के कारण नारियों का व्यापार जगत जो हस्तशिल्प, ग्रामीण उद्योग इत्यादि से जुड़ा हुआ था, हाशिए पर आ गया और 'मध्यवर्गीय नारियों का एक आदरणीय वर्ग' सामने आया। समाज का काफी कुछ बहिष्कृत हुआ।[39] सुमन्त बनर्जी ने अपने उत्तेजक शोध में यह स्थापित किया है कि वैष्णव मार्ग—जिससे भक्ति आन्दोलन जुड़ा हुआ था—ने उन्नीसवीं शताब्दी के मध्य में समाज के बहिष्कृतों को सम्मान दिया।[40] भारत की जनगणना, बंगाल 1872 से सूचना मिलती है कि वैष्णवों ने उन सभी को गले से लगाया, जिन्हें सभी ने तिरस्कृत कर दिया। अछूत, असहाय, रोगी, दुर्भाग्यशाली आदि। विधवा तथा परिवार से निष्कासित महिलाएँ, सभी को उन्होंने आश्रय दिया।[41] सुमन्त बनर्जी समकालीन दस्तावेजों में स्थापित करते हैं कि गाँवों से महिलाएँ, विधवा, ब्याही या अनब्याही अपने घरों को छोड़कर वैष्णव मठों में रहने जाने लगीं। यहाँ की धार्मिक व्यवस्था ने उन्हें गतिविधि की स्वतन्त्रता दी तथा पुरुष सम्बन्धों में भी उन्हें सीमित मात्रा में स्वतन्त्रता प्रदान की। वैष्णव नारियाँ द्वार-द्वार भिक्षा माँगने के लिए घूमने लगीं।[42] किन्तु 'आदरणीय मध्यवर्गीय महिलाओं' का वर्ग जिसे 'भद्रलोक महिलाएँ'[43] कहा गया है, कि अवधारणा, मान्यताएँ जब स्थापित हो गईं तो पुनः सामाजिक दबाव से नारी मुक्ति का यह वैष्णव अभियान दब-सा गया। नई विकसित आदरणीय मध्यवर्गीय नारी सामाजिक परिदृश्य पर आई। अतः समाज सुधार आन्दोलनों का अन्तःस्वर भी बहुत कुछ गृहिणी, भद्रलोक, धनी परिवारों की महिलाओं से जुड़ गया। पूर्वी उत्तर प्रदेश में चूँकि पुनर्जागरण का आन्दोलन देर से पहुँचा और उसकी पहुँच भी दूरस्थ ग्रामीण महिलाओं तक न हो पाई। अतः इन क्षेत्रों में महिलाओं पर सामन्ती दबाव गतिशील रहा।

नारी समस्या के प्रति सुखदेव भगत के दृष्टिकोण में हम अन्य पुनर्जागरणकालीन सामाजिक कार्यकर्ताओं से विभेद पाते हैं। नारियों के सम्बन्ध में वे मूल और प्राथमिक समस्या दहेज को मानते थे। विधवा-विवाह का प्रशन उनके लिए महत्त्व की सूची में दूसरे नम्बर पर था।[44]

हालाँकि बंगाल के पुनर्जागरणकालीन नेताओं के लिए विधवा-विवाह महत्त्वपूर्ण था। जिस समाज में सुखदेव भगत कार्यरत थे, दहेज उसकी प्रथम मजबूरी थी। दहेज की कुप्रथा की एक अत्यन्त विकृत परिणति थी- 'बेटी बेचना'। इसमें दहेज के अभाव में मनोनुकूल वर तलाश न कर पाने की मजबूरी में पिता बूढ़े किन्तु धनी वर को अपनी बेटियाँ बेच दिया करते थे। उनकी दृष्टि में दहेज नारी को पुरुष से हीन बताने का प्रथम प्रतीक था। उनका कहना था, "लड़का लड़की, ई दूनों परमात्मा के अंश हवन सऽऽ, नादहेजलऽ, नादहेजऽ।"[45] सुखदेव भगत अपने शिष्यों को घरों में अपनी पत्नियों को न पीटने का उपदेश दिया करते थे। इस सम्बन्ध में उनका कहना था कि जैसे कुम्हइन (एक प्रकार की जन्तु जो मिट्टी का अत्यन्त कलात्मक घर बना लेती है) माटी में सुन्दर घर बना ले ली, ओइसहीं मेहरारू भी आपन घर रच-रच के बनावली, आतु पुरुखा ओकरे घर में जाके, ओकरे के मारलऽ...। इ महापाप है।[46] अर्थात, जिस प्रकार कुम्हइन मिट्टी से अपना घर बना लेती है, वैसे ही नारी भी रच-रचकर अपना घर बनाती है, और तुम पुरुष उसी के घर में जाकर उसी को मारते हो, यह महापाप है।

इस प्रकार नारी-समस्या के प्रति उनका दृष्टिकोण ज्यादा यथार्थवादी एवं भोगी हुई सचाई से सम्बन्धित था। पूरब के क्षेत्र में यों भी दहेज की समस्या विधवा-विवाह से ज्यादा महत्त्वपूर्ण थी। हालाँकि दहेज मूल्य के रूप में कम, वस्तु के रूप में ज्यादा था।

अनमेल विवाह : इस क्षेत्र के गाँवों की एक भीषण नारी-समस्या के रूप में औपनिवेशिक काल में विद्यमान थी। उसे भारतीय लोक में 'शिव और गउरा' (पार्वती) के मध्य अनमेल विवाह की प्रासंगिकता का मिथक रचकर स्थापित किया गया था। यों इस मिथक का विखंडन लोकचेतना ने स्वयमेव ही करना शुरू कर दिया था। भोजपुरी क्षेत्र में गाए जानेवाले एक लोकगीत में पार्वती की माँ मन्दाकिनी अपना दुख इस प्रकार कहती हैं—नारद बाम्हन ने हमारी बेटी का विवाह शंकर नामक बूढ़े वर से करा दिया है। यदि नारद बाम्हन मुझे मिल जाता तो मैं उसकी दाढ़ी पकड़कर खींच लेती।[47] इसी प्रकार की लोकचेतना की आलोचनात्मकता को सुसंगत

ढंग से विकसित करते हुए सुखदेव भगत के अनमेल विवाह के विरोध में अनेक कवित्त की रचना की :

अनमेल विआह करे मोहन सेठ आज
हे दुनिया तोहें लागे ना लाज।[48]

औपनिवेशिक स्थानीय प्रशासन के भ्रष्ट आचरण के विरुद्ध सुखदेव भगत की प्रतिक्रिया :

सुखदेव भगत में सम्पूर्ण ब्रितानी उपनिवेशवाद के निर्माण के ढाँचे एवं तन्तुओं के प्रति कोई सुसंगत दृष्टिकोण भले ही विकसित न हुआ हो, किन्तु औपनिवेशिक स्थानीय प्रशासन जिसका ग्रामीण जीवन से सीधा सम्बन्ध था, के प्रति उनका दृष्टिकोण बिलकुल स्पष्ट था। वे सरकार के कर्मचारियों पर सदैव व्यंग्य किया करते थे।[49] इस सम्बन्ध में मैंने लोक में प्रचलित उनकी सात लोक कहावतों का संकलन किया है।[50] वे प्रायः कहा करते थे 'उजर साँढ़ आईल, आ सौंसे बलिया चरि गईल'[51] यहाँ उजर साँढ़ के बिम्ब की व्याख्या आवश्यक है। साँढ़ लोक मानसिकता का अत्यन्त भयावह बिम्ब है। लोक व्याख्याकारों ने इसकी व्याख्या सर्वाधिक शोषक के रूप को रूपायित करनेवाले प्रतीक के रूप में की है।[52] यहाँ पर साँढ़ ब्रितानी उपनिवेशवाद का ही प्रतीक है क्योंकि उपर्युक्त कहावत में इसे 'उजर' अर्थात उजला 'गोरा' बताया गया है। एक अन्य कहावत में इस साँढ़ को 'भुअर' बताया गया है। इस बिम्ब की व्याख्या सामन्तों के अर्थ में इसलिए नहीं की जा सकती है क्योंकि इसके लिए 'आईल' क्रियापद का प्रयोग किया गया है। 'आईल' से यहाँ पर कहीं बाहर से आनेवाली शक्ति की अर्थ सूचना मिलती है। उनकी एक अन्य कहावत द्रष्टव्य है :

बटोर के ले जाई सोना-चाँदी
हमनी इहाँ आईल बा अंग्रेजवन के आँधी।[53]

अर्थात, हमारे यहीं अंग्रेजी की आँधी आई है, जो हमारे यहाँ से सोना-चाँदी बटोरकर ले जाएगी।

ग्रामीण भारत की तत्कालीन अवस्था को समझने के लिए उनकी एक अन्य कहावत द्रष्टव्य है :

हमनी गरीबवन के चूस के
बाप बनल...ऽ...मेस के।[4]

अर्थात, हम गरीबों को चूसकर इतने मोटे हुए हैं कि मूस के पिता के सदृश दिख रहे हैं।

इस प्रकार सुखदेव भगत स्थानीय शक्ति के ढाँचे के प्रति अत्यन्त खीज एवं प्रतिरोध की भावना रखते थे। जिसकी अभिव्यक्ति उनके व्यंग्य-बाणों में होती थी। यह एक महत्त्वपूर्ण अवस्थिति है कि जब कोई चेतना संगठित प्रतिरोध की तैयारी कर रही हो तो उसकी प्रारम्भिक अवस्था में व्यंग्य एक स्वाभाविक एवं आवश्यक अस्त्र है। सुखदेव भगत जिस पूरबी लोकचेतना के प्रतीक थे, वह भी इस दौर में प्रतिरोध के नए अस्त्रों का निर्माण कर रही थी क्योंकि उसका एक महत्त्वपूर्ण अस्त्र 1857 के आन्दोलन के रूप में उपयोग किया जा चुका था जिसने उसे नए अस्त्रों के निर्माण का समस्त संसाधन एवं वातावरण उपस्थित किया।

सन्दर्भ

1. रामचरन दास द्वारा लिखित 'सुखदेव भगत की जीवनी', लोकधारा प्रकाशन, छपरा से प्रकाशित, पृष्ठ 20
2. वही
3. धथुरी टोला बलिया जिले के सुरेमनपुर तहसील में अवस्थित है
4. रामचरन दास द्वारा लिखित 'सुखदेव भगत की जीवनी', लोकधारा प्रकाशन, छपरा से प्रकाशित, पृष्ठ 4
5. वही
6. वही
7. वही
8. वही, पृष्ठ 5
9. वही, पृष्ठ 11
10. उनके शिष्य रामाशंकर मल्लाह का साक्षात्कार 'ओरल हिस्ट्री कैसेट नं. 5 में ध्वन्यांकित, संकलन व्यक्तिगत।'
11. वही
12. रामचरन द्वारा लिखित 'सुखदेव भगत की जीवनी', लोकधारा प्रकाशन, छपरा, पृष्ठ 6
13. वही, पृष्ठ 38

14. सुजी थारू का नवीन शोध अध्ययन, वूमेन राइटिंग इन इंडिया (ओ. पू. पी.), पृष्ठ 155
15. वही
16. कृष्ण प्रसाद का 'लोक का शास्त्र' भूमिका प्रकाशन, विदिशा, म. प्र., पृष्ठ 26
17. वही
18. वही
19. डॉ. रामविलास शर्मा, भारतेन्दु हरिश्चन्द्र और हिन्दी नवजागरण की समस्याएँ, राजकमल प्रकाशन, नई दिल्ली
20. उनके शिष्य रामाशंकर मल्लाह का साक्षात्कार 'ओरल हिस्ट्री कैसेट नं. 5, में ध्वन्यांकित, संकलन—व्यक्तिगत'
21. अन्तोनियो ग्राम्शी, सेलेक्शन फ्रॉम द प्रिजन नोट-बुक्स, सम्पादित, क्विंटिन होरे इंटरनेशनल पब्लिशर्स, दसवाँ संस्करण, 1989, पृष्ठ 165
22. वही
23. लोक रचनाओं में, मुहावरों एवं कहावतों में लोक का राष्ट्रीय चेतना से इतना सघन सम्बन्ध दिखाई पड़ता है, इसलिए इसकी राजनीतिक अभिव्यक्ति भी अत्यन्त सघन हुई है, इस सम्बन्ध में इतिहासकारों द्वारा कृषक आन्दोलनों पर किया गया कार्य द्रष्टव्य है। प्रो ज्ञानेन्द्र पांडेय, द असेंडेन्सी ऑफ कांग्रेस इन यू. पी.; (ओ. यू. पी.) रणजीत गुहा, एलिमेंट्री आस्पेक्ट ऑफ पिजेंट इन्सजेन्सी इन इंडिया (ओ. यू. पी.) और सबॉल्टर्न स्टडीज छह खंड तथा कपिल कुमार का अवध के किसान विद्रोहों पर कार्य (पिजेंट इन रिवोल्ट 'मनोहर')
24 प्रो. सुधीर चन्द्र का शोध-पत्र लिटरेचर एंड सोशल कॉन्शसनेस, द इंडियन हिस्टॉरिकल रिव्यू, खंड 6, नं० 1-2
25. प्रो. के. एन. पणिक्कर के नवीन शोध-पत्र 'कल्चर एंड आइडियोलॉजी' कॉन्ट्रडिक्शन इन इंटेलेक्चुअल ट्रान्सफॉर्मेशन ऑफ कॉलोनियम सोसायटी इन इंडिया में पुनर्जागरणकालीन सामाजिक कार्यकर्ताओं के सांस्कृतिक एवं वैचारिक परिवर्तन का अध्ययन
26. शिवनारायणी सम्प्रदाय के भजनों में निर्गुण एवं दुख का संगीत सुनाई पड़ता है
27. सुखदेव भगत के भजनों में रहस्यात्मक बिम्ब, यथा-जीव हमार घड़ा, ओकरा के फोरे वाला कौन? ओरल हिस्ट्री कैसेट नं. 6 में संकलित सुखदेव मगत के भजन, संकलन-व्यक्तिगत
28. रामचरन दास द्वारा लिखित 'सुखदेव भगत की जीवनी', लोकधारा प्रकाशन, पृष्ठ 20
29. वही
30. पंडित गंगाशरण मिश्र द्वारा लिखित लोकज्ञान में, पृष्ठ 34

31. सुखदेव भगत के प्रमुख शिष्य सोहनराम की स्मृतियों पर आधारित, सुखदेव भगत के बारे में संस्मरण कैसेट नं 7. सकलन-व्यक्तिगत
32. वही
"गंगा किनारे एक तिबई, गंगा से अरज करे हे
गंगा मत रोक...5, लाल के राह
पार तुहूँ जाय देहुँ हैं।"
33. वही
34. वही
35. यही
36. यही
37. वही
38. लोकगीत और इतिहास ओरल हिस्ट्री कैसेट नं. 1, संकलन-व्यक्तिगत
39. सुजी थारू का 'वूमेन राइटिंग इन इंडिया (ओ. यू. पी.) 1990, पृष्ठ 154
40. सुमन्त बनर्जी का मार्जिनलाइजेशन ऑफ वूमेन पॉपुलर कल्चर इन नाइनटीन्थ सेंचुरी बंगाल, सांगरी और वैध द्वारा सम्पादित 'इन रिकास्टिंग वूमेन' में संकलित, पृष्ठ 134
41. वही
42. वही
43. सुजी थारू वूमेन राइटिंग इन इंडिया (ओ. यू. पी.), पृष्ठ 155
44. रामचरन दास द्वारा लिखित 'सुखदेव भगत की जीवनी' लोकधारा प्रकाशन, भूमिका, पृष्ठ 3
45. सोहनराम का साक्षात्कार, ओरल हिस्ट्री कैसेट नं. 7. संकलन-व्यक्तिगत
46. वही
47. विद्यापत लोकगीतों का कैसेट वीनस से
इसी समस्या पर भोजपुरी के प्रसिद्ध नाटककार भिखारी ठाकुर के अनेक नाटक केन्द्रित हैं
48. ओरल हिस्ट्री कैसेट नं. 6. संकलन-व्यक्तिगत
49. रामचरन दास द्वारा लिखित, 'सुखदेव भगत की जीवनी', लोकधारा प्रकाशन, पृष्ठ 22
50. ओरल हिस्ट्री कैसेट नं. 6 में सोहनराम का संकलन, संकलन-व्यक्तिगत
51. वही
52. जवाहर प्रसाद, लोक प्रतीकों की व्याख्या भोजपुर कंठ-1988, अंक 5
53. ओरल हिस्ट्री कैसेट नं. 6, संकलन-व्यक्तिगत
54. यही

चतुर्थ अध्याय

विरचना-काल (1900-1920 ई.)

लोकसंस्कृति में स्वीकार और बहिष्कार : निर्धिनराम की गाथा

> उपाश्रयी समुदाय सदैव शोषक वर्गों की गतिविधि का अधीनस्थ विषय रहा है, तब भी जब वह विद्रोह कर रहा होता है—सिर्फ उसकी स्थायी विजय ही उसे अधीनस्थता से मुक्त कर सकती है।
>
> —*अन्तोनियो ग्राम्शी*

इस अध्याय को विरचना का काल इसलिए कहा गया है क्योंकि इस कालखंड के लोक में अपनी स्वयं की चेतना की विरचना की प्रवृत्ति दिखाई पड़ती है। यह विरचना पूर्व निर्मित अवधारणाओं, पूर्व के निर्णयों, कृत्यों एवं क्रियाओं की भी हो सकती है। इस कालखंड के लोक में स्वीकार के बाद मोहभंग की प्रक्रिया से गुजरती हुई बहिष्कार की ध्वनि सुनाई पड़ती है। इतिहास के अधोलोक की इस ध्वनि को सुनने के लिए हमें अपने बौद्धिक, संस्कारगत ऊँचाई से नीचे उतरकर कान लगाकर सुनना होगा अन्यथा इस मद्धिम किन्तु इतिहास की सतत अनुगूँज को हम सुन नहीं पाएँगे। यह अध्याय इस परिकल्पना के साथ निर्धिनराम पर केन्द्रित है।

लोक में अपनी उपनिवेश विरोधी चेतना के निर्माण के प्रथम चरण में जहाँ इस विरोधी एवं विदेशी तत्त्व के अपने अनुभव जगत में हस्तंक्षेप पर स्वत:स्फूर्त प्रतिक्रिया की प्रवृत्ति दिखाई पड़ती है, वहीं दूसरे चरण में वह इस हस्तक्षेप के प्रतिरोध में अपने समानार्थियों की तलाश में अपनी स्वयं

की चेतना की विरचना की प्रक्रिया से गुजरता हुआ प्रतीत होता है। विरचना की चेतना, विज्ञान की शब्दावली में, रचना का ही एक गतिमान रूप है। या यूँ कहें रचना का ही नैरन्तर्य है।

जीवनवृत्त

निर्धिनराम जाति के मोची थे। जिसे भारतीय समाज में सवर्ण शासित मनोवृत्ति द्वारा निर्मित जातियों की शब्दावली में चमार कहा गया है, महान परम्परा के सांस्कृतिक प्रभुत्व में जिसकी सामाजिक अवस्थिति अस्पृश्य की मानी गई है तथा जिसके लिए स्थानीय भाषा में अछूत शब्द प्रचलित है। उनका जन्म 1858 ई. में शाहाबाद जिले के जनईडीह ग्राम में हुआ था।[1] पिता का नाम गंगाविषुन, माता-दौलतिया, भाई में अकेले। स्कूली शिक्षा न के बराबर थी किन्तु स्वाध्याय एवं रुचियों से लिखने-पढ़ने की क्षमता का उन्होंने व्यापक विकास कर लिया था। इस कार्य में पिता गंगाविषुन से उन्हें सहायता मिली थी। पुश्तैनी पेशा था जूता बनाना। गाँव में तो देशी जूता बनाते थे, 1880 में 22 वर्ष की उम्र में आसाम गए तो चाय बागान के तत्कालीन अंग्रेजी बाबुओं के लिए क्रुम का जूता बनाने लगे। पिता गंगाविषुन पहले से ही आसाम में जूता व्यवसाय से जुड़े हुए थे। निर्धिनराम आसाम से गाँव लौट आए। गाँव लौटने का कारण-पानी रास न आना।[2]

पानी रास न आने के लोक-मुहावरे का अर्थ मोटे तौर पर पर्यावरण रास न आना से जुड़ा हो सकता है। पानी रास न आने पर भी वे 10 वर्ष तक कैसे रह गए? पानी रास न आने का अर्थ भोजपुरी में 1890 ई. के आसपास कुछ और तो नहीं था? इसके अर्थ-ध्वनि में तत्कालीन अंग्रेज बाबुओं का दुर्व्यवहार भी तो कहीं शामिल नहीं था? इन सारे प्रश्नों पर उनसे सम्बन्धित जीवित लोग चुप रह जाते थे और वर्तमान में यहाँ पर ये सभी प्रश्न अनुत्तरित ही रह जाते हैं।

औपनिवेशिक काल में आसाम से लौटे इस गाँव के जीवित मोचियों से बात करने पर यह तथ्य स्थापित होता है कि उन्हें वहाँ गोरे साहबों के दुर्व्यवहार एवं कोड़े सहने पड़ते थे।[3] अमलेन्दु गुहा के अध्ययन 'प्लेंटर्स राज टू स्वराज' से भी यह तथ्य उद्घाटित होता है कि आसाम में अंग्रेजी साहबों का

व्यवहार भारतीय कर्मचारियों एवं वहाँ के जन-जीवन में कार्यरत भारतीय जनों के विभिन्न संवर्गों के प्रति कितना अमानवीय एवं घृणास्पद था।

निर्धिनराम का सांस्कृतिक सन्दर्भ

निर्धिनराम के लोकायत में देसी जूता बनाना, शिवनारायणी भजन गाना, अपनी स्मृतियों में अंकित रामायण की कथा को कवित्त में जोड़-जोड़कर सुनाना सम्मिलित था। उन्होंने यहाँ आकर मांस-मछली खाना छोड़ दिया था। तुलसी की कंठी धारण कर ली एवं ब्राम्हणी संस्कृति के अनेक पक्षों से अपना सम्बन्ध जोड़ लिया था। जब गाँव के तिवारी जी लोगों में से कोई उन्हें निर्धिन बाबा कह देता तो बहुत खुश होते, निर्धिनवा कहने पर भीतर ही भीतर आहत।[4] उन्हें जब भी मौका मिलता ब्रम्हटोला चले जाते और वहाँ दुआरों पर गीता रामायण पर होनेवाली वार्ताओं को सुनते।[5] इन वृत्तान्तपरक सूचनाओं से यह स्पष्ट होता है कि निर्धिनराम में तत्कालीन बड़ों की संस्कृति से जुड़ने की चाह रही होगी। बड़ों की संस्कृति से जुड़ने की आकांक्षा अपने अर्थ वलय में उनकी अछूत स्थिति से मुक्ति की भी आकांक्षा लिये हुए है। अछूतपन से मुक्ति की इस आकांक्षा ने उन्हें बड़ों की तरफ प्रस्थान के लिए बाध्य किया। और बड़ों के इसी संसर्ग ने उन्हें कांग्रेस से जोड़ा। कांग्रेसी इसलिए बने कि लोग उन्हें गाली देना छोड़ देंगे, चमार कहना छोड़ देंगे।[6] साथ ही उन्हें सम्मान भी मिलेगा।[7] इस प्रकार निर्धिनराम तत्कालीन सामाजिक-सांस्कृतिक सन्दर्भ में चमार से भिन्न एक कांग्रेसी के रूप में एक नई भूमिका एवं पहचान प्राप्त करने की ओर प्रवृत्त दिखाई पड़ते हैं। किन्तु भारतीय इतिहास की गतिकी में यह सम्भव न हो सका और अन्ततः उन्होंने 1923 ई. में 5 वर्ष बाद कांग्रेस पार्टी छोड़ दी। यूँ उनके कांग्रेस परित्याग की घटना में असहयोग आन्दोलन की वापसी का आक्रोश भी रहा होगा। किन्तु अपनी अछूत स्थिति से मुक्ति न मिलने के दुख को उन्होंने अपनी प्रतिक्रियाओं में बार-बार अभिव्यक्त किया है।[8] इसके कुछ उदाहरण प्रस्तुत हैं :

हमनी के बेरिया निठुर भइले बनवारी।
निठुर भइले बनवारी, निठुर भइले बनवारी।

निठुर भइले बनवारी।
हमनी के बेरिया निठुर भइले बनवारी।
एहि चरन से अहिला के तरलऽ, सेहु गौतम के नारी
विप्र सुदामा के दरिद्र हटवलऽ...
मड़ई से कइलऽ अटारी
हमनी के बेरिया निठुर भइले बनवारी।

हिन्दी में इन पंक्तियों का भावार्थ इस प्रकार किया जा सकता है-हमारे सन्दर्भ में बनवारी निष्ठुर हो गए। हालाँकि उन्होंने इसी चरन से अहल्या को मुक्ति दी जो गौतम ऋषि की नारी थी। विप्र सुदामा की गरीबी इन्होंने ही मिटाई उनकी मड़ई (कुटिया) को महल में परिवर्तित कर दिया, किन्तु हमारा जब मामला आया तो निष्ठुर हो गए। इन पंक्तियों में करुणा के साथ-साथ अछूत (उत्पीड़ित-वंचित) मन में निहित पीड़ा एवं प्रतिरोध दोनों मुखर हैं।

'अछूत' प्रतिक्रिया की प्रवृत्ति और इसका अधीनस्थ संस्कृति से अन्त:सम्बन्ध

अब तक के अध्ययनों में इन सामाजिक संवर्गों के लिए 'अछूत' शब्द प्रयुक्त होता रहा है। इन वर्गों को सवर्ण शासित शब्दावली अगर अछूत सम्बोधन देती है तो हम नए इतिहास के निर्माण में लगे लोग भी इन्हें अछूत कहें, यह कहाँ तक उचित है? इसीलिए यहाँ हम 'अछूत' शब्द को इन्वर्टेड कॉमा के मध्य रख रहे हैं। इसके लिए किसी भी सर्वग्राही शब्द के अभाव में हम उत्पीड़ित-वंचित शब्द का प्रयोग भी प्रस्तावित कर रहे हैं। दलित शब्द महाराष्ट्र के अछूतों के सम्बन्ध में प्रयुक्त हुआ है किन्तु भोजपुरी क्षेत्र के निरक्षर उत्पीड़ित लोगों के सन्दर्भ में यह शब्द सभी प्रवृत्तियों को उजागर करने में असमर्थ प्रतीत होता है। 'अछूत' वर्गों के प्रतिक्रिया की प्रवृत्ति से सवर्ण वर्गों की प्रतिक्रिया की प्रवृत्ति भिन्न रही है। सवर्ण वर्गों की प्रतिक्रिया में जहाँ अति आत्मविश्वास, उछाह, गर्वबोध, उन्माद के तत्त्व पाए जाते हैं वहीं 'अछूत' (उत्पीड़ित-वंचित) वर्गों के प्राप्त साहित्य में करुणा, दारुण, दैन्य के तत्त्व मिलते हैं। इन दोनों तरह के

अन्तरों को भक्ति-साहित्य से लेकर दोनों वर्गों में गाए जानेवाले संस्कार गीतों में देखा जा सकता है। यूँ तो करुणा एक शाश्वत तत्त्व है जो दोनों सांस्कृतिक संवर्गों की अभिव्यक्तियों में प्राप्त होता है। किन्तु शिवनारायणी गीतों की करुणा एवं सवर्ण घरों में गाए जानेवाले भजनों में प्राप्त करुणा में पर्याप्त विभेद स्पष्ट रूप से अभिव्यक्त होता है।[9] यहाँ यह कहते हुए हमारा आग्रह है कि कृपया अछूत वर्गों की करुणा एवं दैन्य को आत्मदया न समझा जाए। यहाँ ये करुणा एवं दैन्य सामाजिक विभेद के कारण उत्पन्न होते हैं। अतः उनमें विभेद और विभेदों के मध्य द्वन्द्व की ध्वनियाँ सदैव गूँजती रहती हैं। ये करुणा एवं दैन्य निम्नवर्गीय चेतना में निहित प्रतिरोध का प्रथम चरण होते हैं। इस प्रकार के करुणा एवं दैन्य के क्रान्तिकारी रूपान्तरण के अनन्त उदाहरण हमारे इतिहास में निहित हैं। इस करुणा एवं व्यथा के स्वर को चेतना के स्तर पर एक स्थायी तत्त्व बनाने में निम्न वर्गों में प्रचलित एवं सक्रिय अधीनस्थ सांस्कृतिक उपादानों की भूमिका का अध्ययन भी आवश्यक है। वस्तुतः अछूत वर्गों में अधीनस्थ स्वर के सांस्कृतिक उपादान प्रयुक्त होते हैं। एक अछूत बालक अपने जन्म से मृत्यु तक करुणा, वेदना एवं व्यथा की गूँजों, छन्दों, स्वरों एवं टेकों से युक्त संस्कारगीत सुनता है। अपने इस संस्कारगत पर्यावरण में वह इन्हीं तत्त्वों से युक्त संवाद का माध्यम भी विकसित करता है। वह अपने प्रतिरोध की सांस्कृतिक अभिव्यक्ति के लिए भी व्यथा के तत्त्व का सार्थक एवं सक्षम उपयोग करता है।[10] वह आगे चलकर इन्हीं तत्त्वों को अपना क्रान्तिकारी सांस्कृतिक औजार भी बनाता है। व्यथा के नीचे तक फैली हुई जड़ों से पैदा हुआ प्रतिरोध तात्कालिक प्रतिक्रियास्वरूप पैदा हुए प्रतिरोध से ज्यादा गम्भीर, स्थायी एवं परिवर्तनकामी होता है।[11] इस प्रकार अधीनस्थ संस्कृति की करुणा एवं व्यथा में भी क्रान्तिकारी परिवर्तन के लिए असीम सम्भावनाएँ विद्यमान हैं।

अधीनस्थ संस्कृति का प्रभुत्व की संस्कृति से वाद-विवाद एवं संवाद का भी एक विशिष्ट चरित्र है। अन्तःसंवाद के स्तर पर वह जिन प्रतीकों एवं शब्दावलियों को प्रभुत्व की संस्कृति से ग्रहण करती है, अपने ढंग से टोन के स्तर पर परिवर्तित कर देती है। यथा-प्रभुत्व की संस्कृति का

'गुरु' चमारों के मध्य 'गुरुआ' हो जाता है।[12] उनके गुरु के समक्ष वे अपने गुरुआ को रखते हैं। गुरु और गुरुआ शब्द की संस्कृतनिष्ठता और अपभ्रंशपन के अन्तर तथा दोनों के ध्वनिनाद से ही दोनों की वर्गीय स्थिति स्पष्ट हो जाती है।

अधीनस्थ संस्कृति के रचनात्मक रूपों (लोकगीतों, कथक्कड़ियों) में निहित रहस्यमयता की तार्किक और बौद्धिक व्याख्या भी हमें नए निष्कर्षों तक ले जाती है। अधीनस्थों की संस्कृति को प्रभुत्व की संस्कृति द्वारा उपस्थित किए गए चुनौती के सन्दर्भ में देखा जाना चाहिए। इसके लिए प्राय: वह करुणा, वेदना, व्यथा तथा रहस्यात्मकता के रूप का इस्तेमाल करती है। इतिहास के अधोलोक की यह रहस्यात्मकता प्रभुता की संस्कृति से उसके मुकाबले की एक तकनीक है जी तत्कालीन सामाजिक ढाँचों में उनकी सामाजिक स्थिति से ही पैदा होती है। प्रभुता की संस्कृति के अनेक प्रश्नों का उत्तर वह रहस्य में ले जाकर देती है। रहस्य की भाषा में ही उसके अनेक तर्कों के समानान्तर वह नए तर्क खड़े करती है। यहाँ रहस्य में जाना प्रभुता के सांस्कृतिक आतंक में उसकी आवश्यकता भी है और मजबूरी भी। इस सांस्कृतिक दिशा में बौद्धिकता एवं ज्ञान के देश से निष्कासित इस निम्नवर्ग की रचनात्मक बिम्ब-योजना एवं प्रतीकात्मकता देखकर कोई भी मुग्ध हो सकता है।[13] यह हमारे भीतर एक नए तरह की सौन्दर्य-चेतना को पैदा करती है। निर्घिनराम में भी यह प्रवृत्ति दिखाई पड़ती है। वे अपनी रामायण में कई बार अत्यन्त रहस्यात्मक वृत्तों की रचना करने लगते हैं।

निर्घिनराम की चेतना इसी अधीनस्थ संस्कृति की उपज है। उनकी स्मृति में ये सम्पूर्ण गूँज, धुन, छन्द, राग एवं शब्दावलियाँ गूँज रही होंगी, जिन्हें उन्होंने बचपन में सुना था और इन्हीं सांस्कृतिक उपादानों से उन्होंने अपनी अभिव्यक्ति का माध्यम भी विकसित किया। निर्घिनराम के सांस्कृतिक संस्कार की अधीनता को समझने के लिए यहाँ हम एक उदाहरण प्रस्तुत कर रहे हैं। वे अपनी रामायण में अपनी चेतना को व्यक्त करने के लिए हे देव, विधना, विधाता, डिहवार, प्रभु सम्बोधनों का इस्तेमाल ज्यादा करते हैं। हे राम, हे भगवान, हे कृष्ण, हे हनुमान जैसे

प्राय: महान परम्परा में प्रयुक्त होनेवाले सम्बोधनों का प्रयोग न के बराबर करते हैं। हालाँकि महान परम्परा और अधीनस्थ परम्परा में अन्त:संवाद सतत क्रियाशील रहता है, इसका ऐसा विभाजन सम्भव नहीं फिर भी उनकी शब्दावलियाँ और रूपक शिवनारायणी और रैदासी भजनों से उभरे हैं। वे बार-बार करम का फूटना, करम का छोटा होना को सम्पूर्ण कष्ट के कारण के रूप में प्रस्तुत करते हैं। इससे अधीनस्थ संस्कृति के मनोविज्ञान को समझा जा सकता है। इस सम्पूर्ण सांस्कृतिक सन्दर्भ और संरचना को समझे बिना निर्घिनराम की प्रतिक्रियाओं का आध्ययन करने से गलत निष्कर्ष पर पहुँचने की सम्भावना व्याप्त है। निर्घिनराम की प्रतिक्रियाओं का अध्ययन करने के लिए हमारे पास दो प्रमुख स्रोत हैं :

प्रथम, अपने क्षेत्रीय अध्ययनों के दौरान प्राप्त निर्घिनराम द्वारा लिखित रामायण की अप्रकाशित पांडुलिपि।[14]

द्वितीय, निर्घिनराम के सम्बन्धियों एवं उनके जीवनकाल में उनसे जुड़े लोगों का ध्वन्यांकित साक्षात्कार।

निर्घिनराम की रामायण

निर्घिनराम की रामायण वस्तुत: रामायण नहीं है, न अपनी विषयवस्तु में, न ही अपने रचनात्मक स्वरूप में इसे रामायण कहा जा सकता है। अब तक रामायण के जितने भी अभिजन एवं लोकरूप विद्यमान हैं, उनकी परम्परा में इसे कहीं रखा जाए, यह एक विचारणीय प्रश्न है। इसमें न तो रामचरितमानस की तरह सटीक चौपाइयाँ एवं दोहा छन्दों का प्रयोग किया गया है, न ही पूरी कथा राम पर केन्द्रित है। अन्य रामायणों से इसका साम्य दो कारणों से नहीं बैठता। एक तो यह पूरी कथा एक नायक पर केन्द्रित नहीं है। दूसरे इसमें धुन, लय, चौपाइयों के एक रेखीय विकास के अनुशासन का निर्वाह नहीं किया गया है। पुन: इसमें कोई एक कथा है भी नहीं। फिर इसे भोजपुरी लोकचेतना में रामायण क्यों कहा जाता है? वस्तुत: लोकवार्ताओं में किसी भी मोटे ग्रन्थ के लिए एक प्रतीकात्मक शब्द के रूप में 'रामायण' का प्रयोग किया जाता है। इसके अधिकांश भाग में चौपाइयों के छन्द में तुक्कड़ियाँ जोड़ी गई हैं जो गाने पर रामचरितमानस

की चौपाइयों जैसा ही प्रभाव पैदा करती हैं। अपने मूल रूप में यह ग्रन्थ अव्यवस्थित छन्दों, तुक्कड़ियों, कुछ मुहावरों इत्यादि को समाहित किए हुए है। इसमें कई जगह गद्य के रूप में बातें कही गई हैं। लिखते-लिखते अपनी रौ में बहकर लेखक अपनी जीवनी, अपना दुख भी लिखने लगता है। कहीं-कहीं वह राम का सम्बोधन करता है, कहीं-कहीं वह रैदास से बातें करने लगता है। इस प्रकार अपने ढाँचे में यह ग्रन्थ एक अछूत मन की स्वतःस्फूर्त अभिव्यक्ति के रूप में दिखाई पड़ता है। कहीं-कहीं वह लाट साहब के बारे में लिखने लगता है तो कहीं अपने पिता के बारे में।

राम से सम्बन्धित कुछ पदों का स्वरूप देखें :

राम-राम हम राम पुकारी। हम पर विपत पड़ी बड़ भारी।
राम नाम गुन बरनै लागा। आपन हिया के देख भागा।

गाँधी के सम्बन्ध में एक पद देखें :

गाँधी में गुन बहुत है सदा लीजै नाम
दीन दुख दरिद्र भगावै और बनावै काम

आगे गाँधी का एक चित्रात्मक छन्द देखें :

हाथ में लाठी सोहे कंठ में पुकार।
हो मेरे गाँधी कैसे मैं भव करूँगा पार।।

राम से सम्बन्धित कुछ और छन्द द्रष्टव्य हैं :

राम संग मैं सोहऊँ कैसे। सागर बीच कमल हो जैसे
सुनभइलऽ, सुनभइलऽ, सुगना बिन बगिया सुन भइलऽ
उड़के गईल राम बिन सुगना, न जाने देव कहाँ रखिहें।
एही दुनिया में भय भारी, हम आ बइठनी हरि के द्वारी।
अब राम मोरे रक्षा करीहें।
ब्याधा तान-तान तीर मारी।
ऐही दुनिया में भय भारी।

गाँधी जी से सम्बन्धित कुछ और पद देखें :

गाँधी के नाम सुन, हुलसेला जियरवा
सुन रे संगिया।

गाँधी बाबा से लागल अनुराग
सुन रे संगिया।
दिन दुपहरिया में निरखेला नयनवा
सुन रे संगिया।
गाँधी बाबा के आवन के राह
सुन रे संगिया।

इस प्रकार यह ग्रन्थ अव्यवस्थित छन्दों में एक पीड़ित मन की कथा है। इसमें स्थापित छन्दों को अचेतन ढंग से तोड़ता है, उसमें कुछ नया जोड़ता है, जब छन्दों की सीमा में अपनी बातें कहने में वह असमर्थ होने लगता है तो वह गद्य में उतर आता है। इस प्रकार यह ग्रन्थ अभिव्यक्ति की प्रचंड इच्छा को भी व्यक्त करता है जो महाकाव्य के स्वरूप को तोड़ देता है।

भाषा के स्तर पर भी इसमें एकरूपता नहीं है। कहीं भोजपुरी में, कहीं भोजपुरी मिश्रित खड़ीबोली में, कहीं-कहीं रामचरितमानस की अवधीयुक्त भाषा में। प्राय: रामचरितमानस की आधी चौपाइयों में स्वनिर्मित तुकों को जोड़ना आदि-आदि।

लिपि कैथी है। इसे पढ़नेवाले अब नाममात्र के ही बचे हैं।[15] पुन: लेखक के अक्षर एवं शब्द लिखने के अपने ढंग से भी इसे पढ़ने में कठिनाइयाँ होती हैं। यह कागज पर लिखा हुआ एवं जीन[16] से मढ़ा हुआ है।

यह ग्रन्थ कब लिखा गया इसमें कहीं उल्लिखित नहीं है। किन्तु उनके सम्बन्धियों से किए गए साक्षात्कार से यह स्पष्ट होता है कि यह ग्रन्थ उनके जीवन के अन्तिम दिनों में लिखा गया होगा। इसमें जीवन के साध्य काल की पीड़ा भी परिलक्षित होती है।

अन्य सुनियोजित एवं सजग रचनाकारों की तरह इसके प्रथम पृष्ठ पर ही रचनाकार का नाम नहीं लिखा है, किन्तु छन्दों में कई जगह पर रचनाकार अपने नाम का उल्लेख करता है।

अछूत राष्ट्रवाद का ढाँचा

यहाँ हम 'अछूतों' की अन्त:चेतना में राष्ट्रवाद के ढाँचे एवं स्वरूप को समझने का प्रयास निर्धिनराम के इतिहास के माध्यम से कर रहे हैं।

अब तक 'अछूतों' के मध्य राष्ट्रवाद का अध्ययन न के बराबर हुआ है। जो हुआ भी है उसे या तो संस्कृतीकरण की प्रक्रिया तक पहुँचाकर छोड़ दिया गया है[17] या तो नहाराष्ट्र के महारों एवं अम्बेडकर के इतिहास के आसपास रखा गया है।[18] जबकि भोजपुरी क्षेत्र में अछूतों की अन्त:चेतना की बुनावट एवं उनके मध्य का राष्ट्रवाद तुलनात्मक रूप से महाराष्ट्र के ज्यादा शिक्षित और चेतन महार समुदाय से भिन्न रहा है एवं निरा संस्कृतीकरण की प्रक्रिया से आगे बढ़ा हुआ भी। इस क्षेत्र में अध्ययन करते हुए इस समुदाय में सांस्कृतिक चेतना के राजनीतिक चेतना में एवं राजनीतिक चेतना के सांस्कृतिक चेतना में परावर्तन के अत्यन्त सूक्ष्म तथा सदैव सक्रिय प्रक्रिया पर ध्यान रखना हमें आवश्यक लगा है।

औपनिवेशिक काल में अछूतों की चेतना एवं आन्दोलन पर हुए अध्ययनों से जो स्वरूप उभरता है उसमें से कुछ को प्रतिदर्श (टाइप) के रूप में हम यहाँ उपस्थित कर रहे हैं। इनसे निर्धिनराम के अध्ययन की भिन्नता एवं वैशिष्ट्य स्पष्ट होगा।

केरल में एझाबास एक अछूत जाति है जिसने बीसवीं सदी के प्रारम्भ से ही अपने संघर्ष के स्वरूप निर्मित करने के क्रम में ब्राह्मण आधिपत्य पर आक्रमण, मन्दिर प्रवेश का आन्दोलन, अपने कुछ संस्कारों को ब्राह्मणीकृत करने का प्रयास किया। बाद में उन्होंने इस सांस्कृतिक चेतना का राजनीतीकरण करते हुए अपने को साम्यवादी आन्दोलन से जोड़ लिया। नम्बूदरीपाद ने अपने अध्ययन में इनके द्वारा निर्मित जाति संघों को सामन्तवाद के विरुद्ध संघर्ष का प्रथम स्वरूप कहा है।[19]

दक्षिण तमिलनाडु पर हार्डग्रेव के प्रसिद्ध अध्ययन से जो इतिहास स्पष्ट होता है, उसके अनुसार दक्षिण तमिलनाडु के एक अछूत कृषक जाति—जिसे मूल रूप में शानानस कहा जाता था—ने अपना विकास एक व्यापारिक जाति के रूप में किया तथा अपने को क्षत्रिय जाति से जोड़ा। इस नए रूप में उन्हें नाडार कहा जाने लगा।[20]

उत्तरी तमिलनाडु में पालिज नामक अछूत जाति ने भी अपने संघर्ष के अस्त्र के रूप में संस्कृतीकरण का उपयोग किया।[21]

महाराष्ट्र के महारों ने भी संस्कृतीकरण से आरम्भ हुए अपने संघर्ष को अधिक नौकरियों की प्राप्ति से जोड़ लिया।[22]

इन सारे अध्ययनों में हमारे लिए सर्वाधिक उपयोगी उत्तरी भारत के पूर्वी उत्तर प्रदेश के जौनपुर पर बर्नाड कोहन द्वारा किया गया अध्ययन उपस्थित है। अपने अध्ययन में श्री कोहन इस निष्कर्ष पर पहुँचते हैं कि यहाँ पर चमार जाति के लोग मूलतः छोटे और भूमिहीन किसान थे, राजपूत सामन्तों से मुक्ति के अपने संघर्ष के रूप में उन्होंने शिवनारायणी सम्प्रदाय को अपनाया तथा अपने सामाजिक स्तर को बढ़ाने के लिए मांस न खाने जैसे ब्राह्मणीय स्वरूपों को ग्रहण किया।[23] अध्ययन के इन प्रतिदर्शों के मध्य निर्घिनराम के सन्दर्भ को अब हम समझने का प्रयास करते हैं। निर्घिनराम के आसाम से लौट आने के कारण-रूप में प्रचलित मुहावरा 'पानी रास न आना' की व्याख्या करते हुए इसी अध्याय के आरम्भ में हमने पाया है कि पानी खराब होने का भावार्थ निर्घिनराम के सन्दर्भ में द्विअर्थी है। इसका अर्थनाद वास्तविक अर्थों में पानी खराब होने से लेकर अंग्रेजों के व्यवहार का जूता बनानेवालों के प्रति खराब होने तक फैलता है। 1880 ई. में गाँव आने के पश्चात उनके संघर्ष का प्रथम सोपान भी प्रभावी संस्कृति से अधीनस्थ संस्कृति के संवाद एवं विवाद के रूप में प्रस्फुटित होता है। जिसकी व्यावहारिक परिणति उनके द्वारा मांस-मछली खाना छोड़ देना, कंठी धारण करना एवं गीता रामायण की कथाओं एवं चौपाइयों का श्रवण करना, उन्हें स्मृति में रखना तथा लोगों के बीच उन्हें सुना-सुनाकर अपने को ब्राह्मणीकृत महसूस करने के रूप में हुआ।[24] हालाँकि उनके द्वारा कही-सुनी कथाएँ वैसी ही नहीं थीं जैसी मूल रूप में रामायण में थीं। अनेक कंठों से होकर उन तक पहुँचने के कारण उनका काफी कुछ निम्नवर्गीय लोकचेतना द्वारा खंडित भी किया गया था तथा काफी कुछ उनमें जोड़ा भी गया।[25] किन्तु इस पूरे सन्दर्भ में केन्द्रीय वस्तु यह है कि गाँव आकर निर्घिनराम ने सामन्ती-सांस्कृतिक एवं सामाजिक-आर्थिक दमन के विरुद्ध की संस्कृति—जिसकी प्रथम अभिव्यक्ति इस क्षेत्र के चमार जाति का शिवनारायणी पन्थ स्वीकार करना था—के रूप में ही प्रारम्भ किया। यहाँ पर अधीनस्थ संस्कृति प्रभावी संस्कृति के विरुद्ध

प्रतिरोध तो कर रही है किन्तु यह प्रतिरोध प्रभावी संस्कृति की दिशा में ही उसे आगे बढ़ाता है, न कि इस प्रतिरोध की चेतना को विद्रोह की चेतना से जोड़ता है। निर्धिनराम का बार-बार बड़ों की संगति में रहने का अतिरिक्त प्रयास उनकी निम्नवर्गीय कुंठा को भी प्रदर्शित करता है। मौखिक स्रोतों से एक अन्य रोचक किन्तु दारुण तथ्य सामने आता है कि निर्धिनराम का मूल नाम निर्धिन नहीं था। मूल नाम था—'द्वारिका'। किन्तु बाद में उन्होंने अपना नाम निर्धिनराम रखा। निर्धिन का अर्थ होता है-वह जिससे घृणा न की जाए। उन्होंने अपना नाम निर्धिन क्यों रखा? उन्हें अपने को घृणा न करने योग्य साबित करने की आवश्यकता क्यों हुई? कहीं यह भी प्रवृत्ति उनकी निम्न सामाजिक अवस्थिति की उपज तो नहीं थी? सभी प्रश्न अपने आपमें स्वयं उत्तर भी हैं तथा एक विडम्बना को स्पष्ट करनेवाले तथ्य भी।

इस प्रकार निर्धिनराम का राष्ट्रवाद उस समय के सन्दर्भ में अपनी अछूत स्थिति से मुक्ति का राष्ट्रवाद था जिसकी अभिव्यक्ति वे बार-बार अपनी रामायण में करते हैं।[26]

'निर्धिनवा' और 'चमार' कह देने पर वे दुखी हो जाते और दो-दो दिन तक खाना नहीं खाते। ओरल हिस्ट्री कैसेट नं.1 में किदारथ राम के संस्मरण से यह स्पष्ट है कि इस श्रेणीबद्ध समाज में सवर्ण शब्दावली एवं मुहावरे उन्हें कितने सालते थे। यह प्रस्तावित किया जा सकता है कि उनकी प्रथम गुलामी उनकी अछूत स्थिति थी, दूसरी गुलामी अंग्रेजों की गुलामी थी।[27] यहाँ तक कि 1917 में उनके कांग्रेस संगठन की सदस्यता स्वीकार करने के पीछे राष्ट्रीय आन्दोलन का प्रभाव तो था ही साथ ही उस समय कांग्रेसी बनना हमारे गाँव में इज्जत की बात थी।[28] यहाँ उनके कांग्रेसी बनने के पीछे सम्मान एवं प्रतिष्ठा प्राप्त कर अपनी स्थिति से मुक्ति का भी प्रयास दिखाई पड़ता है।[29]

1922 ई. में निर्धिनराम ने कांग्रेस छोड़ दी। 1922 ई. में गाँधी द्वारा असहयोग आन्दोलन वापस लेने पर कई लोगों ने कांग्रेस छोड़ी होगी, फिर यहाँ निर्धिनराम के कांग्रेस छोड़ने में विशिष्ट क्या था? वस्तुतः निर्धिनराम का कांग्रेस छोड़ना संघटना के भीतर की उपसंघटना है। इस उपसंघटना के ढाँचे को समझने के लिए एक प्रश्न पर विचार करना आवश्यक है।

प्रश्न है निर्घिनराम का कांग्रेस से रिश्ता क्या था? उनका कांग्रेस से रिश्ता अपनी अछूत सामाजिक स्थिति से मुक्ति एवं अपनी ऊर्जा का गोरे साहबों के विरुद्ध प्रयोग करनेवाले एक मंच के रूप में था। उन्हें कांग्रेस के साथ जोड़नेवाले सूत्र में गाँधी की माया छवि थी। अपने कांग्रेस प्रवेश की घटना को वे इन शब्दों में प्रस्तुत करते हैं।

अपने गाँव के शिवसरन तिवारी, रहलें कांग्रेसी बड़ भारी
उहे हमरा के कांग्रेसी बनाई, गाँधी जी के दुआरी पहुँचाई।[30]

अर्थात, यहाँ गाँधी के दुआर पहुँचने की कामना ही उन्हें कांग्रेस से जोड़ती है और कांग्रेस से जोड़नेवाले हैं उन्हीं के गाँव के एक कांग्रेसी। उपलब्ध स्रोतों से गाँधी जी एवं निर्घिनराम के सम्बन्धों का भी स्वरूप स्पष्ट हो जाता है। हालाँकि गाँधी जी की चर्चा सम्पूर्ण ग्रन्थ में बहुत कम स्थानों पर हुई है। उनके लिए 'हे बाबा', 'सुन.ऽ गाँधी', 'डिहवार' की तरह का सम्बोधन आया है। वे बार-बार गाँधी को एक ऐसे व्यक्ति के रूप में देखते हैं जिनसे उनका अत्यन्त गहरा, रागात्मक एवं अन्तरंग सम्बन्ध रहा हो। जबकि मौखिक इतिहास के स्रोतों से स्पष्ट होता है कि उन्होंने गाँधी को देखा तो था किन्तु कभी उनकी मुलाकात नहीं हुई थी।[31] वस्तुतः गाँधी के साथ निर्घिनराम का सम्बन्ध बहुत कुछ काल्पनिक था। वे उनके और अपने सम्बन्धों के बारे में झूठी कहानियाँ और गल्प गढ़कर सुनाया करते थे। हमने उनसे सम्बन्धित लोगों से साक्षात्कार करके ऐसी अट्ठाईस कहानियों का संकलन किया है।[32] उदाहरण के तौर पर उनमें से कुछ कहानियों का सार इस प्रकार है कि :

1. एक दिन हम आरा कांग्रेस कार्यालय गए थे वहाँ गाँधी जी आए थे। उन्होंने देखते ही मुझे गले से लगा लिया। कहने लगे, क्या निर्घिन भाई बहुत दिन हो गए तुमसे मिले? एक दिन तुम्हारे घर चलना है।

2. एक दिन गाँधी जी ने सभा के मंच पर से ही हमको बुला लिया, उस दिन हम उनके साथ ही रहे। हम लोगों ने एक थाली में बैठकर चूड़ा-दही खाया। रात-भर खूब बातें करते रहे, आदि-आदि।

3. आज पटना में कांग्रेस की मीटिंग होनी थी। गाँधी जी ने कहा— बिना निर्घिन के मीटिंग कैसे होगी? यह कहकर उन्होंने मीटिंग भंग कर

दी। राजेन्द्र बाबू को उन्होंने खूब डाँटा और कहा कि आपने निर्धिनराम को क्यों नहीं संवाद भिजवाया?

4. वे बार-बार लोगों को अत्यन्त कथात्मक ढंग से सुनाया करते थे कि अभी गाँधी जी की चिट्ठी आई है। उन्होंने मेरा हाल-चाल पूछा है। चमर टोली के बारे में भी वे बहुत चिन्तित हैं। पेड़, रूख, गलियों और नालियों के बारे में भी मुझसे पूछा है।

इन तथ्यों से स्पष्ट होता है कि गाँधी जी के साथ उनका रिश्ता काल्पनिक एवं ख्वाबों का रिश्ता था। वास्तव में जो सच नहीं बन पाता वह कल्पना एवं ख्वाबों में परिणत हो जाता है। और जिसे हम सच बनाना चाहते हैं, वह भी पहले कल्पना एवं ख्वाबों का ही रूप लेता है। इससे यह निष्कर्ष निकाला जा सकता है कि तत्कालीन राजनीतिक अभिजात ने तत्कालीन राजनीतिक ढाँचे में अछूत निर्धिनराम को उचित जगह नहीं दी, जिसकी अपूरित आकांक्षा की पूर्ति निर्धिनराम ऐसी कथाएँ गढ़कर करते हैं। वे गाँधी जी से अपने सम्बन्धों की ऐसी कथा कहकर लोगों को यह दिखाना भी चाहते होंगे कि देखो, मैं अछूत नहीं हूँ। मेरे साथ गाँधी चूड़ा-दही खाते हैं। देखो, मैं तिरस्कृत नहीं हूँ! मुझे गाँधी गले से लगाते हैं। यहाँ झूठ और इतिहास के अन्त:सम्बन्ध को समझना आवश्यक है। वस्तुत: हम अपनी कुंठा की अभिव्यक्ति झूठ बोलकर करते हैं। निर्धिनराम की यह कुंठा भी अछूत स्थिति की सह-उत्पादन एवं तत्कालीन कांग्रेस द्वारा उचित स्थान न देने के कारण पैदा हुई थी। इस प्रकार गाँधी से उनका रिश्ता काल्पनिक अधीनस्थ वृत्तियों से पूरित निम्न की अभिजन के प्रति कुंठाजनित आकर्षण पर आधारित था।

1922 ई. में निर्धिनराम ने कांग्रेस छोड़ दी। उनके इस परित्याग को असहयोग आन्दोलन से जोड़ा जा सकता है। किन्तु निर्धिनराम के सन्दर्भ में यह परित्याग इतना सरल नहीं है। यह एक जटिल घटना-क्रम है जिसको जटिल बनाने में एक अछूत मन का यन्त्रशास्त्र कार्य कर रहा था। वे अपनी रामायण में एक स्थान पर कहते हैं—क्या तुम डिहवार! क्या हमारे नेता! जो एक घाव भी ठीक न कर पा रहे हो।[33] यहाँ पर घाव न ठीक कर पाने में, देवत्व एवं नेतृत्व दोनों की असफलता का जिक्र

करते हुए वे स्पष्ट रूप से गाँधी के व्यक्तित्व के समक्ष एक चुनौती खड़ी करते हैं, साथ ही यहीं से उनके तत्कालीन मोहक गाँधीवादी राजनीति के परित्याग का मार्ग भी दिखाई पड़ता है। यह घाव कोई शारीरिक घाव न होकर सामाजिक घाव है जो उनकी अछूत स्थिति से मुक्ति न दिला पाने के उनके स्वप्न के विखंडन से प्रारम्भ होता है। यहाँ आप तुलसी की विनयपत्रिका को याद करें, जहाँ वे अत्यन्त कारुणिक ढंग से राम को इसी तरह का उलाहना देते हैं। निर्घिनराम के कांग्रेस परित्याग की घटना उनके मोहभंग की सह-उत्पाद है। यह मोहभंग राजनीतिक तथा सामाजिक दोनों अवस्थितियों में सक्रिय था।

निर्घिनराम की अछूत मन की प्रतिक्रियाओं में इस मोहभंग की अभिव्यक्ति क्रान्तिकारी ढंग से न होकर दारुण में जाकर अत्यन्त कारुणिक ढंग से होती है। निर्घिनराम मोहभंग के पश्चात कांग्रेस, गाँधी, समाज, राम, रैदास सबको गाली नहीं देने लगते। गुस्से की मुद्रा नहीं अपनाते बल्कि अत्यन्त कारुणिक प्रतिक्रिया की रचना करते हैं। इसका साक्ष्य उनका पूरा ग्रन्थ है। यहाँ करुणा एवं दारुण की महाकाव्यात्मक अभिव्यक्ति आत्मदया के रूप में न होकर एक प्रतिरोध की चेतना के रूप में दिखाई पड़ती है जो पढ़नेवाले के मन में तत्कालीन व्यवस्था के प्रति घृणा पैदा करती है। अपने दुख में सबको शामिल कर क्रान्तिकारी स्थिति का निर्माण करती है। वस्तुतः 'करुणा' स्वयं में ही प्रतिरोध का एक फॉर्म है। करुणा का जन्म ही किसी स्थिति के विरोध में होता है। यह दमन शोषण, सुख-दुख के कारण ही पैदा होता है तथा इन सबके प्रति यह मानव की प्रतिक्रिया का भाविक स्वरूप होता है। अतः करुणा को प्रतिरोध की चेतना के रूप में देखने का हम आग्रह कर रहे हैं।

इस प्रकार निर्घिनराम का राष्ट्रवाद बहुत कुछ कल्पना एवं स्वप्न में रचित राष्ट्रवाद था जिसे सच न होने दिया गया। इसे सच न होने देने की विडम्बना ही हमें एक नए इतिहास के निर्माण की ओर उन्मुख करती है।

सन्दर्भ

1. पिता गंगाविषुन द्वारा पुश्तैनी कागजात पर प्राप्त उल्लेख से जन्म तिथि की प्राप्ति, मृत्यु की तिथि का निर्धारण पोता सियाराम एवं भतीजे किदारथ राम की स्मृतियों पर आधारित।

2. ओरल हिस्ट्री कैसेट नं.1 में ध्वन्यांकित
3. वही, नं. एच. ऑफ एस. 1 से
4. वही, नं. 1 में किदारथ राम का संस्मरण
5. वही
6. चमार शब्द से जोड़कर लोक में कई गालियाँ एवं मुहावरे आज भी प्रसिद्ध हैं, यथा-चमरकट, चमरपन, चमरघोंच इत्यादि
7. ओरल हिस्ट्री कैसेट नं.1 में किदारथ राम का संस्मरण
8. वही, नं.1 में ध्वन्यांकित हरिजनों के घर में गाया जानेवाला यह भजन द्रष्टव्य है। इसमें करुणा का वर्गीय आधार भी स्पष्ट दिखाई पड़ता है
9. शिवनारायणी गीतों की करुणा में वर्ग विभक्त समाज में अपनी अधीनस्थ स्थिति के प्रति गुस्सा एवं क्षोम भी है, 'यथा-हमनी के बेरिया निठुर भइले बनवारी'
10. अछूत वर्गों में प्रयुक्त एवं लोकप्रिय मुहावरों का स्वरूप देखने से इस स्थापना की पुष्टि होती है, यथा—'अपने उधमें चिड़ियाँ बाउर, के कुटी सरकार के चाउर' अर्थात अपने ही काम में चिड़िया अत्यन्त व्यस्त (पागल) है। यह सरकार का चावल कूटने कैसे जाएगा तथा अन्य (ओरल हिस्ट्री कैसेट नं. फ्रेज एंड इडियम में ध्वन्यांकित)
11. उपाश्रयी अध्ययनों से यह बात धीरे-धीरे सामने आ रही है किन्तु इस पर अभी बहुत कुछ करना शेष है
12. ओरल हिस्ट्री कैसेट नं. वड्‌र्स एंड इमेजेज इन सबॉल्टर्न
13. उसी में ध्वन्यांकित निम्न रचनात्मकता का एक पद देखें :

    कौन नदी जल बिना, कौन वृक्ष बिन पात।
    कौन सुग्गा पर बिना, कौन मरत बिन काल ।।
    सरवर नदी जल बिना, कदम वृक्ष बिन पात।
    हंसा सुग्गा पर बिना, नींद मरत बिन काल ।।

14. निर्धिनराम द्वारा हस्तलिखित रामायण मुझे भोजपुरी जिले के जनईडीह ग्राम के सीताराम पुस्तकालय से प्राप्त हुई। इसकी स्थापना 1911 ई. में इसी ग्राम के कांग्रेसी कार्यकर्ता श्री शिवलखन तिवारी ने की थी। इस पांडुलिपि को मुझे इसके सचिव श्री रामजी तिवारी ने सुलभ कराया
15. इस ग्रन्थ का जो थोड़ा बहुत पाठ हो पाया है इसके लिए मैं दीनानाथ राम ग्राम जनईडीह का आभारी हूँ
16. यह चमड़ानुमा एक गत्तेदार पदार्थ है जिसे वहाँ के लोग जीन कहते हैं
17. संस्कृतीकरण की प्रक्रिया के लिए देखें, एम. एन. श्रीनिवास 'सोशल चेंज इन मॉडर्न इंडिया (कैलिफोर्निया, 1966) तथा मैकिम मैरियट (सम्पादित) विलेज

इंडिया स्टडीज लिटिल कम्यूनिटी (शिकागो, 1955)

18. धनंजय कौर, डॉ. अम्बेडकर लाइफ एंड मिशन, 1955 (कैलिफ.) इलिनर जेलियट—द लीडरशिप ऑफ बाबा साहेब अम्बेडकर, बी. एन. पांडेय द्वारा सम्पादित—'लीडरशिप इन साउथ एशिया'। दिल्ली, 1977 में संकलित
19 . इ. एम. एस. नम्बूदरीपाद-नेशनल क्वेश्चन इन केरला, 1952 (बाम्बे)
20. आर. एल. हर्डग्रेव, द नाडार्स ऑफ तमिलनाडु (कैलिफोर्निया, 1969)
21. सुमित सरकार, मॉडर्न इंडिया, 1885-1947, मैकमिलन इंडिया 1983
22. इलिनर जेलियट, 'लर्निंग द यूज ऑफ पालिटिक्स मिन्स-द महार्स ऑफ महाराष्ट्र —रजनी कोठारी द्वारा सम्पादित कास्ट इन इंडियन पालिटिक्स में संकलित
23. वी. कोहन का जौनपुर पर अध्ययन, मैकिम मैरियट द्वारा सम्पादित, विलेज इन इंडिया में संकलित तथा उनकी स्वयं की पुस्तक एन. एन्थ्रोपोलॉजिस्ट एमंग हिस्टोरियन्स एंड अदर एसेज (ओ. यू. पी., 1987) में संकलित अनेक लेख
24. ओरल हिस्ट्री कैसेट नं. एन
25. वही
26. निर्धिनराम की रामायण में कई सन्दर्भ उनकी अपनी अछूत स्थिति की मुक्ति से जुड़ते हैं :

    (क) कोई ना हमरा से छुआला, सगरो अन्धारे बुझाला

    (ख) जात छूत के भँवर से मोहे उबारो राम। —निर्धिनराम की रामायण, पृष्ठ 37
27. मालिक का खेत, अंग्रेज का प्रेत

    चेत, चेत, चेत, चेत ने मना चेत —निर्धिनराम की रामायण, पृष्ठ 40
28. ओरल हिस्ट्री कैसेट नं.। में किदारथ राम का संस्मरण
29. वे बार-बार अपने टोले के लोगों को सुनाया करते थे :

    "कांग्रेस की सभा में हमको कोई चमार नहीं कहता।" सन्दर्भ-वही
30. निर्धिनराम की रामायण, पृष्ठ 52
31. उन्हीं के गाँव के कांग्रेसी श्री सूर्यनाथ तिवारी से वार्ता पर आधारित (ओरल हिस्ट्री कैसेट नं. 1)
32. झूठ और इतिहास कैसेट नं. 1 में संकलित
33. निर्धिनराम की रामायण, पृष्ठ 63

पंचम अध्याय

पुनर्रचना का काल (1920-1947 ई.)

लोकचेतना की क्रियात्मक क्षमता का पुनर्निर्माण और कवि कैलाश का सन्दर्भ

शब्द सामाजिक परिवर्तनों के अनुसार अपने अर्थ बदलते हैं।

—ज्योफ्री ह्यूज्स

1920-1947 तक का इतिहास प्रथम दृष्टि में ऊर्ध्वाकार दिखाई पड़ता है। इसके शीर्ष पर महात्मा गाँधी जैसे नेता दिखाई पड़ते हैं और नीचे आम जनता की तुड़ी-मुड़ी, कटी-फटी तसवीर। इतिहास के आधुनिक शोधकर्ताओं के मध्य इस आत्मालोचना पर सहमति है कि हमने अभी तक राष्ट्रवादी जनान्दोलनों के उफान के रचनाशास्त्र का सूक्ष्मतर अध्ययन करने में महत्त्वपूर्ण सफलता नहीं पाई है। इन आन्दोलनों की लोकप्रिय चेतना के निर्माण की प्रक्रिया, गतिक्रमबद्धता (मोबेलाइजेशन) की पद्धति, इनकी लोकधर्मिता के अध्ययन के लिए हमारे पारम्परिक इतिहास-लेखन के पास स्रोत सामग्री ही क्या है? राष्ट्रीय आन्दोलन के इस महत्त्वपूर्ण दौर में गाँधीवादी राष्ट्रवाद (अभिजन राष्ट्रवाद)[1] और लोक राष्ट्रवाद, जिसे वर्गीय शब्दावली में किसान राष्ट्रवाद[2] का भी सम्बोधन दिया गया है, में क्या और किस प्रकार का अन्त:सम्बन्ध था? इनके मध्य आलोचनात्मक अन्त:संवाद का क्या स्वरूप था? ये दोनों के मध्य विरुद्धों का सामंजस्य कैसे और कहाँ-कहाँ स्थापित हो रहा था? इनके मध्य संवाद की प्रक्रिया में क्या-क्या विखंडित हो रहा था? और क्या-क्या निर्मित हो रहा था? यह

सभी प्रश्न हमारे ऐतिहासिक बौद्धिकता (Historical intellectuality) के समक्ष चुनौती की तरह खड़े हैं। इस अध्याय में हमने राष्ट्रवादी आन्दोलन के ढाँचे का सूक्ष्मतर अध्ययन करते हुए इस कालखंड में लोक-नेतृत्व के स्वरूप एवं सम्भावना पर विचार कर जन-राष्ट्रवाद के इतिहास के निर्माण की दिशा में कुछ कदम बढ़ाने का प्रयत्न किया है। आधुनिक इतिहास-लेखन में किसान नेतृत्व पर हुए अध्ययन हमारे शोध के इस सत्य को स्थापित करने में सहायता करते हैं।[3] यह अध्ययन शोध की भाषा में कहें तो मूलत: प्राथमिक स्रोतों पर आधारित है। ये प्राथमिक स्रोत लिखित एवं मौखिक दोनों हैं। लिखित एवं मौखिक दोनों प्रकार के स्रोतों के लिए स्थापित अकादमिक पुस्तकालयों एवं अभिलेखागारों से दूर भोजपुर के अंचलों में क्षेत्र अध्ययन ही हमारे समक्ष शोध का एकमात्र उपादान रहा है। लोकचेतना पर शोध करने में यह हमारी मजबूरी भी थी और आवश्यकता भी। यह अध्याय पूर्व के दो अध्यायों लोकचेतना की रचना, विरचना के नैरन्तर्य में ही विकसित हुआ है। पुनर्रचना की प्रक्रिया अपने मूल रूप में विरचना के गर्भ से ही पैदा होती है।

इस अध्याय में हमने इस विशिष्ट कालखंड में लोकचेतना की प्रक्रिया, अभिजात शक्ति से व्यामोह के बाद लोकक्षमता एवं लोकशक्ति में उभरी आत्मनिर्भरता, लोकक्षमता का अभिजात प्रतीकों एवं प्रभुत्वशाली वर्गों से द्वैधात्मक सम्बन्धों के स्वरूप का अध्ययन करने का प्रयास किया है। इसमें गाँधीवादी राष्ट्रवाद से लोकराष्ट्रवाद के सम्बन्ध का अध्ययन करने के क्रम में हमने लोकनेतृत्व के उभार, उसकी चारित्रिकता एवं तत्कालीन दौर में उसकी विशिष्टता का अध्ययन करने का एक विनम्र प्रयास किया है।

इस काल की प्रमुख प्रवृत्ति को पुनर्रचना के रूप में स्थापित किया गया है। इसी पुनर्रचना एवं पुनर्निर्माण की अभिव्यक्ति इस कालखंड में लोकचेतना की महात्मा गाँधी पर से निर्भरता कम कर अपने आन्दोलन के नए रूपों एवं नए नेतृत्व की खोज में देखी जा सकती है। यह अनायास ही नहीं था कि 1920 ई. के बाद जनान्दोलन एवं लोक-आन्दोलन का युग प्रारम्भ होता है। इसी युग में लोकचेतना अपने जनान्दोलन एवं लोक-

आन्दोलन के नए रूपों एवं नए नेतृत्व का निर्माण करती हुई दिखाई पड़ती है। इस दौर में गाँधी लोक को एक राजनीतिक उपादान के रूप में इस्तेमाल तो करते ही हैं, लोक भी गाँधी को राजनीतिक उपादान के रूप में प्रयोग करता है।

कवि कैलाश का जीवनवृत्त

कवि कैलाश का जन्म शाहाबाद जिले के अन्तर्गत 'घोड़ादेई'[4] ग्राम में हुआ था। यहाँ की लोकचेतना 'घोड़ादेई' को जीरादेई से जोड़ती है। इस क्षेत्र में प्रसिद्ध लोकवार्ताओं के अनुसार 'जीरादेई' में राजेन्द्रप्रसाद पैदा हुए थे, घोड़ादेई में 'कवि कैलाश'।[5] लोकचेतना उनके जन्मस्थान को स्थानीय इतिहास की महान परम्परा में स्थापित करते हुए उसका सम्बन्ध बाबू कुँवर सिंह से जोड़ती है, जिन्होंने घोड़ादेई गाँव के पास ही बीबीगंज में अंग्रेजों को परास्त किया था।[6] इस प्रकार लोकचेतना उस स्थान की महत्ता स्थापित कर कवि कैलाश के भुला दिये गए संघर्षों की स्वीकृति के लिए प्रयत्नशील प्रतीत होती है। कवि कैलाश के पिता और माता का नाम अत्यन्त प्रयत्न के बाद भी प्राप्त नहीं हो सका। उनकी जन्मतिथि के बारे में उनके जीवनी-लेखक यमुनाप्रसाद उपाध्याय का कहना है कि "कवि जी की जन्मतिथि निश्चित रूप से निर्णीत नहीं की जा सकती। इसका मूल कारण यह है कि उनकी जन्मकुंडली नहीं बनी थी, और उनसे अधिक वृद्ध कोई ऐसा व्यक्ति भी नहीं है जो इसकी जानकारी करा सके। बहुत खोज-पड़ताल के बाद इतना ही पता चल रहा है कि उनका जन्म 1889 ई. में हुआ था।[7] लेखक जो स्वयं एक स्वतन्त्रता सेनानी है अपनी टूटी-फूटी भाषा में 1956 में लिखित इस जीवनी में लिखता है कि जिस 1889 में जवाहरलाल जैसे पुरुष रत्न पैदा हुए हैं, उसी 1889 में कवि कैलाश भी पैदा हुए।[8] यह तथ्य एक ओर तो 'संयोग' का सूचक है; दूसरी ओर 1956 ई. तक कवि कैलाश के संघर्ष को स्वीकृति न मिलने के कारण लोक के लिए अभिजन बिम्ब के प्रयोग की विवशता या दूसरे दृष्टिकोण से कहें तो अपनी स्वीकृति के लिए अभिजन बिम्बों के जागरूक और गैर-जागरूक उपयोग की प्रतिभा की तरफ इशारा करता है।

कवि कैलाश स्वयं अपनी शिक्षा के बारे में एक व्यंग्यात्मक एवं विनोदपूर्ण तुकबन्दी में स्पष्ट करते हैं :

पहाड़ा पढ़ ली आठ, पीठ प बाजल काठ, जाके धइली लाठ।[9]

इस तुकबन्दी के आशय की व्याख्या अगर की जाए तो यह स्पष्ट होता है कि कवि ने पीठ पर मार से भागकर पढ़ाई छोड़ दी एवं लाठ पकड़ने का, अर्थात कुएँ से पानी भरकर खेत पटाने का काम करने लगे। इस प्रकार क्या औपनिवेशिक संरचना में तत्कालीन शिक्षा व्यवस्था से छात्रों को दूर करने में पीठ पर काठ की मार भी एक 'उपसंघटना' थी। इस सम्बन्ध में बिना कुछ अतिरिक्त जोड़े हम उनके जीवनी-लेखक की एक टिप्पणी यहाँ प्रस्तुत कर रहे हैं जो अत्यन्त दारुण एवं ऐतिहासिक विश्लेषण के नए मार्ग खोलनेवाली है—यदि शिक्षा का अर्थ लिया जाए तो कवि जी को कोई शिक्षा नहीं मिली थी। उन्हें प्रारम्भिक शिक्षा भी पूर्णतः प्राप्त नहीं थी। जीवन के आरम्भ में वे एक प्राथमिक पाठशाला में पढ़ने गए थे, परन्तु वहाँ से शीघ्र ही विदा हो गए। शायद इसका मुख्य कारण छात्रों के प्रति तत्कालीन शिक्षकों का अमानुषिक व्यवहार था। यद्यपि ये शिक्षक भारतीय थे, परन्तु अपने स्वामी अंग्रेजों की गहरी छाप इन पर पड़ गई थी। उनकी शिक्षा के साधन—प्रेम, वात्सल्य, स्नेह तथा उपदेश नहीं थे बल्कि मांस उधेड़ लेनेवाली सैकड़ों बेंतें, मुगली हाथ-पैर बाँधकर तथा छप्पर में टाँगकर नीचे से बेंतों की मार ये सभी उनकी शिक्षा के साधन थे।[10] इसके बाद लेखक लिखता है-कवि जी जैसा भावुक और करुण हृदय का छात्र ये यातनाएँ नहीं सहन कर सका और शीघ्र ही उस कसाईखाने से विदा ली।[11] कवि जी द्वारा अपनी शिक्षा के सम्बन्ध में रचित तुकबन्दी एवं उनके जीवनी-लेखक की उस पर आधारित व्याख्या में साम्य है किन्तु उस समय के समस्त शिक्षावर्ग के व्यवहार के प्रति इस तथ्य एवं सिद्धान्त को सामान्यीकृत नहीं किया जा सकता। 1913 ई. के आसपास लगभग 25 वर्ष की उम्र में कवि कैलाश ब्रिटिश सरकार की सेना में एक सैनिक के रूप में शामिल हुए।[12] उन्हें घर में नाकारा समझा जाता था। उनकी भाभी जगदेव सिंह की बहू एक राक्षसी थी। उन्हें मारती थी, बिना नमक के रोटी खाने को देती थी. उसी से तंग आकर कवि जी सेना में नौकरी करने

गए।[13] इस प्रकार उनका सैनिक बनना घर की परिस्थितियों से तंग होकर एक अदद नौकरी के रूप में देखा जाना चाहिए। यह सर्वविदित है कि औपनिवेशिक मनोवृत्ति आम अपढ़ भारतीयों को युद्ध में झोंकने के लिए सेना में भर्ती करने का बलपूर्वक एवं सुनियोजित अभियान चलाती थी।

थोड़े ही दिन में भारतीय सैनिकों के प्रति अंग्रेज अफसरों के व्यवहार से तंग आकर एवं दमनतन्त्र की सचाई समझकर वे सेना से भाग आए। अपने सैन्य जीवन के परित्याग के बारे में वे सदैव कहते थे कि हम एक अंग्रेज से कहनी 'कवि कैलाश के देबऽगारी त उ पटक-पटक के मारीऽ।' अर्थात, मैंने एक अंग्रेज से कहा कि कवि कैलाश को गाली दोगे तो वह तुम्हें पटक-पटककर मारेगा।[14]

स्थानीय और समानान्तर नेतृत्व का प्रमेय

आधुनिक शोधों से यह तथ्य लगभग स्थापित हो चला है कि राष्ट्रीय आन्दोलन में राष्ट्रीय नेतृत्व के समानान्तर स्थानीय नेतृत्व का विकास हुआ था।[15] कुछ सन्दर्भों में यह नेतृत्व राष्ट्रीय नेतृत्व के स्थानीय अनुकरण से उत्पन्न हुआ था और कई सन्दर्भों में यह मूलत: स्वत:स्फूर्त, राष्ट्रीय नेतृत्व के बिना किसी सीधे सम्पर्क के पैदा हुआ था। हालाँकि दोनों सन्दर्भों में एक में अनुकरण होते हुए भी स्थानीयता के सम्मिश्रण के कारण इसमें नए रंग थे, दूसरे में, स्वत:स्फूर्त होते हुए भी राष्ट्रीय नेतृत्व की छवियों का कहीं-न-कहीं मौलिक रूपान्तरण जुड़ा हुआ था।

समस्त सन्दर्भ में कहीं-न-कहीं राष्ट्रीय छवियों का प्रभाव था। यह प्रभाव कहीं-कहीं 'उसी दिशा में", कहीं नवीन दिशा का निर्माण करता हुआ प्रतीत होता है। स्थानीय आन्दोलनों एवं नेतृत्व की विविधता एवं व्यापकता पर अभी बहुत थोड़ा ही अध्ययन हो पाया है। अत: इस सन्दर्भ में किसी सामान्य निष्कर्ष पर तो नहीं पहुँचा जा सकता है किन्तु प्रो. ज्ञानेन्द्र पांडेय के उपाश्रयी अध्ययनों से प्राप्त निष्कर्ष हमें बल प्रदान करते हैं। इन अध्ययनों से यह स्पष्ट होता है कि देहाती क्षेत्रों में मोटे तौर पर चल रही दो तरह की संघर्ष की लहर दिखाई पड़ रही थी: एक जो ऊपर से नीचे की ओर फैल रहा था और स्वीकार्य गाँधीवादी रूपों

और नियन्त्रणों के जरिये किसानों को लामबन्द कर रहा था और दूसरा जो अपेक्षाकृत स्वायत्त 'किसान राष्ट्रवाद' था। वह ग्रामीण समाज की गहराइयों से निकलकर बाहर आ रहा था और गाँधी के नाम का उपयोग तो कर रहा था, लेकिन उनके सन्देश की व्याख्या काफी विविधतापूर्ण रूप से सामाजिक दृष्टि से कम निषेधक रूपों में कर रहा था।[16] इसी दूसरी धारा 'किसान राष्ट्रवाद' के गर्भ से स्थानीय नेतृत्व का उद्भव हुआ था। यह स्थानीय नेतृत्व कब लोकनेतृत्व में परिवर्तित हो जाता है, इसकी बौद्धिक व्याख्या अत्यन्त कठिन है।

कवि कैलाश और लोकनेतृत्व

स्थानीय नेतृत्व और लोकनेतृत्व के मध्य की रेखा अत्यन्त पतली एवं अदृश्य है। कब स्थानीय नेतृत्व लोकनेतृत्व में परिवर्तित हो जाता है, कब लोकनेतृत्व स्थानीय नेतृत्व में परिवर्तित हो जाता है, इसका निर्धारण दुष्कर कार्य है। किन्तु मोटे तौर पर कहें तो स्थानीय नेतृत्व अपनी स्थानीयता, अपने लोक से लोकप्रिय माध्यमों एवं लोकप्रिय रूपों को अपने नेतृत्व में विलयित कर अत्यन्त लोकप्रिय नेतृत्व का निर्माण करता है जिसे 'लोकनेतृत्व' कहा जा सकता है। स्थानीय नेतृत्व एक भौगोलिक राजनीतिक शब्दावली के सदृश है। लोकनेतृत्व एक सांस्कृतिक राजनीतिक अवधारणा को रूपायित करता है। यों कहें कि लोकनेतृत्व, नेतृत्व की सांस्कृतिक गतिकी की संज्ञा है जो स्थानीय होने के साथ-साथ अपने राष्ट्रीय वलय के निर्माण की दिशा में प्रवृत्त होती है।

साक्षात्कारों से कवि कैलाश का जो स्वरूप उभरकर आया है उसके अनुसार वे धोती, अधकटी बंडी पहनते थे तथा कन्धे पर गमछा रखते थे।[17] वे गाँधी जी की तरह उघारे नंगे बदन नहीं रहते थे, बल्कि भारतीय किसान के गृहस्थ रूप में रहते थे।[18] वे प्राय: गमछे का मुरेठा बाँधते थे। हाथ में गाँधी जी की तरह पतली लाठी नहीं बल्कि डंडा रखते थे।

वे कांग्रेस के सदस्य बाद में हुए पर राष्ट्रीय आन्दोलन से पहले ही जुड़ गए। वे जलियाँवाला बाग की दुर्दान्त औपनिवेशिक घटना से अत्यन्त दुखी एवं व्याकुल थे, उसी समय गाँधी की ललकार पर वे असहयोग

आन्दोलन में शामिल हो गए।[19] उनके जीवनी-लेखन द्वारा सहज एवं सामान्य घटना के रूप में वर्णित उपर्युक्त पंक्तियों का अगर मूल्यांकन किया जाए तो यह स्पष्ट होता है कि कवि जी जनान्दोलन के मार्ग से होकर कांग्रेस में आए। उन्होंने कांग्रेस की औपचारिक सदस्यता 1926 ई. में ग्रहण की।[20]

असहयोग आन्दोलन की परिधि में उन्हें समाहित करनेवाली दो परिस्थितियों 'जलियाँवाला बाग' जैसी हृदय विदारक घटना की जनश्रुतियाँ,[21] गाँधी की ललकार में जलियाँवाला बाग की घटना से उत्पन्न मनोवैज्ञानिक वातावरण की भूमिका प्राथमिक है। इससे इस निष्कर्ष पर पहुँचा जा सकता है कि औपनिवेशिक दमन, दबाव एवं औपनिवेशिक वातावरण ने राष्ट्रीय चेतना के निर्माण में प्राथमिक उत्तेजक तत्त्व की भूमिका प्रदान की एवं राष्ट्रीय नेतृत्व ने उस प्रतिरोध की चेतना को दिशा देकर बृहत्तर राष्ट्रीय संघर्ष खड़ा करने का प्रयास किया।

कवि कैलाश ने 1921 के आन्दोलन में अपने राजनीतिक जीवन का प्रारम्भ स्वतःस्फूर्त ढंग से अपने गाँव से ही किया। वे दस-पन्द्रह नवयुवकों का दल लेकर गाँव की सड़क से गुजरनेवाली बैलगाड़ी, ताँगा गाड़ी का निरीक्षण करते यदि उनमें कोई विदेशी वस्तु होती तो उन्हें रोक लेते। उसे ले जानेवाले को अनेक तर्कों से समझाते। उन्हें समझाने के क्रम में वे अनेक लोकरूपकों एवं लोकतर्कों का प्रयोग करते।

इसी क्रम में वे एक अत्यन्त रोचक लोकरूपक उपयोग करते हुए कहते हैं—"तहार मेहरारू से उ सोना के सब गहना ले जाता, आ ओकरा बदला में भेजता पीपल के छूछी, आ तू ओकरा के धधा-धधा के ले जा ताड़।"[22] अर्थात, तुम्हारी पत्नी का सोने का सभी गहना ले, वह जा रहा है और उसके बदले में पीतल की छुँछी भेज रहा है और तुम खुश होकर उसे ले जा रहे हो।

इस प्रकार कवि जी ने असहयोग आन्दोलन के उपदेश के प्रसार के लिए कृषक जनता को सीधे-सीधे समझ में आनेवाले लोकरूपकों को अपनाया। कृषक जीवन से सीधे जुड़े हुए प्रतीकों का ही उन्होंने चयन किया। इसके पश्चात कवि जी अपने गाँव से ही युवकों का दल लेकर

पिकेटिंग करने आरा शहर आए।[23] अत्यन्त तन्मयता से वे इस आन्दोलन से जुड़े थे। तभी चौरी-चौरा की घटना के पश्चात महात्मा गाँधी ने असहयोग आन्दोलन वापस ले लिया। इससे अनेक भारतीयों की तरह कवि कैलाश को भी अत्यन्त निराशा हुई और वे गाँव की ओर लौट पड़े।

वहाँ जाकर उन्होंने एक 'कैलाश नर्सरी' की स्थापना की। जिसे लोग 'कैलाश आश्रम' भी कहा करते थे। वे प्रायः अपने सहयोगियों से कहा करते थे—"का साबरमती देने मुँह देख ताड़ऽ। गाँव-गाँव में साबरमती बनावऽ।"[24] अर्थात, साबरमती की ओर क्यों देख रहे हो? गाँव-गाँव में साबरमती बनाओ। कवि जी का यह उलाहना एक ओर तो असहयोग आन्दोलन में गाँधी जी की भूमिका से उत्पन्न हुआ जान पड़ता है। दूसरे, यह पंक्ति लोकचेतना की अपनी शक्ति के एहसास की भी सूचक है, जो वस्तुतः असहयोग आन्दोलन में गाँधी की भूमिका से लोकमन में उत्पन्न व्यामोह की उत्पत्ति है।

कैलाश नर्सरी

"हैं पौधे हर किस्म के, मेवा फल और फूल
घोड़ादेई बाग में, गई नर्सरी खुल।"

ये पंक्तियाँ कवि कैलाश द्वारा प्रकाशित एक पर्चे से ली गई हैं, जिसे कवि जी ने कैलाश नर्सरी के प्रचारार्थ छपवाया था।[25]

कवि जी ने घोड़ादेई में कैलाश नर्सरी की स्थापना की। यह एक बागवानी थी, जिसमें विभिन्न प्रकार के फल और फूल के पौधे लगे थे। इसके पौधों को बेचकर जो आय होती थी, उससे कवि जी अपना और आश्रम का खर्च चलाते थे।[26]

आश्रम के खर्चों में मूलरूप से वहाँ पर सदैव आश्रय लिये रहनेवाले स्थानीय फरारी काट रहे स्वतन्त्रता सेनानियों के भोजन वगैरह पर आनेवाले खर्च थे।[27] इस प्रकार 'कैलाश नर्सरी' का उपयोग फरारी काट रहे स्वाधीनता सेनानियों के आश्रय के लिए भी किया जाता था। भारतीय राष्ट्रवाद की अभिजात शब्दावली में कहें तो इसका स्वरूप बहुत कुछ 'आश्रम की तरह' था। किन्तु कवि कैलाश ने कभी इसे आश्रम का

सम्बोधन नहीं दिया। वे ज्यादा उपयोगितावादी और कृषक जीवन के सामान्य परम्परा के शब्द 'बागवानी' का प्रयोग करते रहे। जवाहर प्रसाद बताते हैं कि स्थानीय जमींदार सत्यनारायण सिंह ने कई बार 'कैलाश नर्सरी' को स्थानीय राष्ट्रवाद का केन्द्र बनते देख आर्थिक सहायता का प्रस्ताव किया पर कवि कैलाश ने स्वीकार नहीं किया।[28] उन्होंने पौधे बेचकर स्थानीय राष्ट्रवादी आन्दोलन में आनेवाले खर्चों को पूरा करने का प्रयास किया। यहाँ गाँधी का 'आश्रम' और कवि कैलाश की 'बागवानी' के प्रतीकों के चरित्र को स्पष्ट रूप से समझा जा सकता है।

'कैलाश नर्सरी' के प्रचारार्थ कवि कैलाश ने जो परचा प्रकाशित करवाया था, जिसका कुछ अंश उनके जीवनी-लेखक यमुनाप्रसाद उपाध्याय जी ने भी उद्धृत किया है, उसकी एक तुड़ी-मुड़ी पुरानी प्रति उनके सहकर्मी जवाहर प्रसाद ने हमें उपलब्ध कराई, में प्रकाशित आम्र वृक्षों के नामों की सूची अत्यन्त रोचक है एवं वह हमें ऐतिहासिक सर्वेक्षण के लिए प्रेरित करती है।

आम के नाम

लँगड़ा, बम्बई, शुकुल, सिपिया, केरवा, राढ़ी, नेउरा, मधुकुपिया, दयाल सिंह, मोहन ठाकुर, कतिका, जाफर कृष्ण भोग, बेला, फाजली, नरसिंह भोग, गुलाब खास, बेलाखास, कैलाश खास, कैलाश भोग, कैलाश पसन्द, महाराज पसन्द, लडुआ, मिठुआ, केरवा महबूब, तम्बुआ, सिरिदहन, मालदा, दरभंगा, मालदहा, छपरा, मालदहा भैरवाँ, मालदह दुधिया, मालदह सब्जा, मालदह सफेद, मालदह कलकत्ता, बम्बई नम्बर वन, बम्बई नम्बर टू, बम्बई मूर्तिकला, कृष्णभोग और्डिनरी, त्रिफला, दोफल, जेफू, बथुआ, फरकवादी, बड़आमा इत्यादि ।

आम के पौधों के नामकरण का मनोविज्ञान एवं समाजशास्त्र का विश्लेषण हमें आवश्यक जान पड़ता है। इनमें कुछ आमों के नाम पारम्परिक हैं, यथा-लँगड़ा, शुकुल, सिपिया, मधुकुपिया। कुछ नाम स्थानों से जुड़े हैं, यथा नेउरा (पटना के पास का एक कस्बा है), मालदहा दरभंगा, मालदह छपरा, मालदह कलकत्ता, बम्बई नम्बर वन, बम्बई

नम्बर टू। सम्भव है, आम की इन विशिष्ट नस्लों को इन स्थानों से सम्बद्ध होने के कारण इनका नामकरण किया गया हो। कुछ नाम लोक मिथकों से जुड़े हैं, यथा-नरसिंह भोग, कृष्ण भोग, महाराज पसन्द। कुछ आमों के नाम कवि जी ने अपने नाम से सम्बद्ध कर रखे थे—कैलाश खास, कैलाश भोग, कैलाश पसन्द। इससे स्पष्ट होता है कि कवि जी में आमों के मौलिक नामकरण की प्रवृत्ति भी सक्रिय थी जिससे वे स्वयं नए नामों का सृजन करते थे और उन्हें सामान्य आम से एक प्रतीक के रूप में रूपान्तरित कर देते थे।

परन्तु नामों की इस सूची में हमें चौंकानेवाले तीन नाम दिखाई पड़े। गाँधी भोग, मोहन सिंह और दयाल ठाकुर। इसी चौंकाहट ने हमारे क्षेत्र अध्ययन एवं स्थानीय इतिहास के लिए नए प्रश्न खड़े किए। इन तीन नामों के प्रतीकों का आशय क्या है? इसके लिए हमने लोक-स्मृतियों का सहारा लिया। वृद्ध लोक-पुरुषों से साक्षात्कार से यह स्पष्ट हुआ कि हमारी परम्परा में आमों के सम्बन्ध में ये तीन नाम पहले से प्रचलित नहीं थे। अर्थात ये कवि जी की मौलिक रचना हैं। इनमें गाँधी भोग का आशय तो स्पष्ट है इसका सम्बन्ध महात्मा गाँधी के नाम से है। किन्तु मोहन सिंह और दयाल ठाकुर कौन थे? इस सम्बन्ध में हमने जब शाहाबाद जिला स्वाधीनता संग्राम का ऐतिहासिक दस्तावेज देखना प्रारम्भ किया तो पता चला कि मोहन सिंह और दयाल ठाकुर 1921 के संग्राम में औपनिवेशिक पुलिस की मार से शहीद हो जानेवाले युवक थे।[29] स्मरण रहे कवि जी ने बागवानी 1921 के आन्दोलन की असफलता के बाद गाँव लौटकर बनाई थी। इन शहीदों का प्रतीकीकरण कर कवि जी किन ऐतिहासिक उद्देश्यों की पूर्ति करना चाहते थे? सम्भव है वे इनका प्रतीकीकरण कर अपनी स्मृतियों के क्रान्तिकारीकरण की प्रक्रिया में अचेतन रूप से सक्रिय रहना चाहते हों। बहुत सम्भव है, वे इन्हें जन-जन के बीच 'बीज वृक्ष' के रूप में फैलाकर उनकी चेतना में इनकी स्मृतियाँ रोपना चाहते हों। इन्हें मात्र एक यादगार के रूप में लेना हमारे लिए एक इतिहासकार की जिम्मेदारी से जी चुराना होगा।

कवि जी के जीवनी-लेखक श्री यमुनाप्रसाद उपाध्याय लिखते हैं—"वे 1921 के आन्दोलन की असफलता के बाद गाँव लौटकर

चुपचाप बैठ नहीं गए, बल्कि लोगों के बीच आन्दोलन का सन्देश पहुँचाते रहे।"[30]

कैलाश नर्सरी और साबरमती आश्रम के प्रतीकों के भेद एवं उनकी क्रियात्मकता के अन्तर से दो प्रकार की राजनीति की भिन्नता को समझा जा सकता है। इससे लोक की राजनीति की तकनीकों को समझाने के भी द्वार खुलते हैं।

लोक की समानान्तर राजनीति

लोक की समानान्तर राजनीति का स्वरूप अत्यन्त जटिल है। एक विशिष्ट प्रकार की स्पष्टता की तह में अनेक विशिष्ट अस्पष्टताएँ सक्रिय हैं। किन्तु यह अस्पष्टता हमारे बौद्धिक ज्ञान की सीमा है न कि लोक के राजनीति के स्वरूप की।

कवि कैलाश 1921 के आन्दोलन के बाद विभिन्न रूपों में स्थानीय राष्ट्रवादी संघर्ष में सक्रिय नेतृत्व की भूमिका प्रदान करते रहे। 1924-26 ई. के बाद भारतीय राष्ट्रवाद के 'खादी-चरखा' के परिघटना के सम्बन्ध में मौखिक स्रोतों से यह स्पष्ट होता है कि वे खादी तो पहनते थे किन्तु चर्खा और खादी आश्रम की राजनीति से सदैव दूर रहते थे।[31] इसके बदले में वे संघर्ष एवं सक्रियता के नए-नए रूपों की खोज एवं प्रयोग करते रहते थे। इसका एक उदाहरण कैलाश नर्सरी ही था। 1930 के राष्ट्रीय आन्दोलन की लहर में वे पुनः गाँजा, भाँग, शराब इत्यादि दुकानों पर पिकेटिंग, धरना[32] साढ़े 6 फीट के बूढ़े जवान का तिरंगा झंडा लेकर आगे बढ़ना, औपनिवेशिक यातनाएँ झेलना, छह मास का कारावास भोगना इत्यादि रूपों में सक्रिय थे।[33] इस आन्दोलन में उनकी भूमिका सामान्य भूमिका नहीं थी बल्कि समष्टि से उभरे हुए व्यष्टि की भूमिका और व्यष्टि के समष्टीकरण की भूमिका थी।

इतिहास की इसी सक्रियता के मध्य उनके भीतर समानान्तर राजनीति की चेतना का विकास होता रहा। यह 'समानान्तर' बहुत कुछ अभिजन से लोक के मोहभंग और विरुद्धों के टकराव की स्वाभाविक अभिव्यक्ति है। इस 'समानान्तर' की चेतना को समझने के लिए हमारे पास उनकी

कुछ तुक्कड़ियाँ हैं जिन्हें वे अपनी सभाओं में, लोगों से बातचीत के मध्य, अपील (आवाहन) के रूप में उपयोग किया करते थे। मौखिक तुक्कड़ियों को समय में अवस्थित करना तो अत्यन्त कठिन है किन्तु इन्हें प्रवृत्तियों के मध्य अवस्थित किया जा सकता है।

इस समानान्तर की चेतना की प्रवृत्ति को समझने में कवि जी की यह लोकोक्ति हमारी सहायता करती है, यथा :

1. जे खाला घीव मलीदा, ओकर कान बहिराइल बा।
   डंडा उठावा चल फिरंगियन के भगावे के दिन आईलबा।।
2. कहे कवि कैलाश, उठाव डंडा।
   तबहिं फूटी अंग्रेजवन के भंडा ।।

ये व्यंग्यात्मक मारक क्षमता से भरपूर तथा आवाहन के रूप में प्रयुक्त तुक्कड़ियाँ अहिंसा को बहुत लम्बा खींचने के विरुद्ध हैं तथा अहिंसा और अन्य अभिजन राष्ट्रवादी स्त्रात्जी से असहमत हैं। तत्कालीन राष्ट्रवाद की लोक स्त्रात्जी के रूप में कवि कैलाश काव्यात्मक एवं प्रतीकात्मक ढंग से 'नोचलऽ गोरवन के बाल, 'उठाव डंडा' इत्यादि लोक के लिए प्रतिरोध के सहज रास्ते की तरफ इशारा करते हैं।

यही प्रवृत्ति अपने विकासमान रूप में गाँधी की स्थापित संस्कृति के समक्ष समानान्तर राजनीतिक-सांस्कृतिक प्रतिदर्श उपस्थित करती है जिसमें स्थापित संस्कृति से भिन्नता एवं स्वाभाविक सुधारीकरण का अंश है। उदाहरणार्थ कवि कैलाश की कुछ कविताएँ देखें :

1. पहीनी खादी। टोपी, ओपी का पेन्हब
   माथा प मुरेठा बाँधी।
2. ये बाबा गाँधी, कब ले मिली आजादी।
   अतना दिन हो गईल, पहिरत खादी॥

निश्चित रूप से ये सारी तुक्कड़ियाँ 1921 के बाद रचित एवं प्रयुक्त हुई होंगी। इनमें खादी का कुरता तो पहनें परन्तु मुरेठा बाँधने का भी सुझाव दिया गया है। यह मुरेठा भारतीय कृषक का प्रतीक है। खादी उन दिनों निरक्षर जनता के समक्ष आजादी का माध्यम एवं प्रतीक दोनों हो गया था। कवि जी अत्यन्त दारुण ढंग से इसमें गाँधी का सम्बोधन कर इस

प्रतीकात्मकता के खोखलेपन की ओर संकेत करते हैं।

1931 से लेकर 1935 के चुनाव तक वे पाँच बार जेल गए।[34] 1933-34 ई. में आकर इस 'समानान्तर' ने स्पष्ट राजनीतिक स्वरूप ग्रहण कर लिया और कवि कैलाश शाहाबाद जिला कमेटी के सदस्यों के चुनाव में मुफस्सिल थाने से कांग्रेस के विरोधी गुट के उम्मीदवार के रूप में चुनाव में खड़े हो गए।[35] वे कांग्रेस के अधिकृत प्रत्याशी जिले के प्रतिष्ठित कांग्रेसी पंडित रामनरेश त्रिपाठी के विरोध में खड़े थे। यह विरोध व्यक्तिगत तथा महत्त्वाकांक्षाओं का न था क्योंकि वे दोनों साथ-साथ अपने और अपनी पार्टी के बारे में प्रचार करते थे। एक मंच पर पंडित जी अपना और अपनी पार्टी का प्रचार करते थे, तत्पश्चात कवि कैलाश अपने और अपनी विचारधारा के लोगों के बारे में उसी मंच से प्रचार किया करते थे। अपने बारे में यह प्रचार क्या था? प्रचार था—"पं. रामनरेश त्रिपाठी इस इलाके के सर्वश्रेष्ठ कांग्रेसी उम्मीदवार हैं। उनकी सेवाएँ महान हैं। वे मुझसे अधिक योग्य व्यक्ति हैं। अतः आप लोग उन्हीं को डिस्ट्रिक्ट बोर्ड का मेम्बर चुनें। परन्तु मैं उनका विरोध करता हूँ क्योंकि मैं 'इन लोगों' के काम करने के ढंग से सहमत नहीं हूँ।"[36]

1935 में जब कांग्रेस महासमिति ने एसेम्बली का चुनाव लड़ना तय किया, कवि कैलाश ने तब लोकनेतृत्व का प्रतीक बनकर शाहाबाद जिले में कांग्रेसी उम्मीदवारों का समर्थन एवं चुनाव प्रचार किया। वे अपने साथ 15-20 किसानों की टोली रखते, लोकगीत गाते, झंडा लहराते, जनभाषा एवं जनप्रतीकों में लोगों को समझाते-बुझाते, शाम तक वे किसी बड़े गाँव में पहुँच जाते और वहीं गाँव के खलिहान में डेरा डाल देते। 'कवि जी आए हैं", 'कवि जी आए हैं' पूरे गाँव के लोग इकट्ठा हो जाते। बच्चे, बूढ़े, जवान सबको उनसे कविता सुनने की लालसा रहती। कवि जी पहले कुछ लोकगीत सुनाते, फिर पंचायत पर सर्वसम्मति से कांग्रेसी उम्मीदवार को वोट देने का फैसला किया जाता। इस अवसर पर वे प्रायः दो लोकगीत अवश्य सुनाते थे :

चुन के भेजो आज कौन्सिल में।
बहादुर, वीर, योद्धा, चुन के भेजो आज कौन्सिल में।

जो रखें लाज भारत की, वही अब जाए कौन्सिल में।
बँधी है माँ विदेशी की कठिन दुर्भेद्य कड़ियों से
जो काटे जाए ये कड़ियाँ, वही है योग्य कौन्सिल के।
हैं मरते भूख से बच्चे, करोड़ों नारियाँ बूढ़े
खिलावे जाए जो इनको, वही अब जाए कौन्सिल में।
है रहती अर्धनंगी नित, करोड़ों मातु वो बहनें
जो ढँके लाज इनकी, वही है योग्य कौन्सिल के।

किसनऊ

भारत में पहले पहिल आईल चुनाव वोटें
खूब सोच बूझ वोट दीह हो किसनऊ।
कहीं जमींदार पार्टी, कहीं महाराज पार्टी,
वोट खातिर भइले तैयार हो किसनऊ।
तू हूँ आपन दुख देख, ओकरो उपाय सोच,
कइसे दुख दूर तोर होई हो किसनऊ।
यही जमींदार, महाराज लोग के याद कर,
काई-काई कइलन व्यवहार हो किसनऊ।
कभी दस्तूरी ले ले, कबहीं इजाफा ले ले
कभी गला चिपी धन लेसु हो किसनऊ।[37]

इन दोनों कविताओं के विश्लेषण से लोकमन के अनेक अवधारणात्मक तत्त्व स्पष्ट होते हैं। प्रथम लोकगीत में कवि कहते हैं, 1935 में कौन्सिल में उसी को भेजे :

1. जो राखे लाज भारत की।
2. बँधी हैं माँ विदेशी की कठिन दुर्भेद्य कड़ियों में, जो काटे जाए ये कड़ियाँ।
3. हैं मरते भूख से बच्चे, करोड़ों नारियाँ बूढ़े, खिलावे जाए जो इनके।
4. है रहती अर्धनंगी नित, करोड़ों मातु वो बहनें, जो ढँके लाज इनकी, वही है योग्य कौन्सिल के।

कवि कैलाश के मन में 1935 ई. में राष्ट्रवाद के प्रतिनिधिक प्रतीक में उपर्युक्त योग्यताएँ होनी चाहिए। इससे स्पष्ट है कि 1936 तक आते-आते लोकमन का राष्ट्रवाद भावुकता, रोमान, छवियाँ, अफवाह से ऊपर उठकर तुलनात्मक रूप से ज्यादा यथार्थ, करोड़ों की भूख, रोटी, करोड़ों के कपड़े से जुड़ चुका था।[38] हालाँकि भारत माँ की लाज रखने तथा बेड़ियों को काटने जैसे लोकप्रिय आवाहन इसमें सम्मिलित रहे जो कि भारतीय राष्ट्रवाद के अन्त:तत्त्व थे।

दूसरी लोक कविता की व्याख्या से यह स्पष्ट होता है कि 1935 में कवि कैलाश का राष्ट्रवाद जमींदार विरोधी, अवतारवाद के प्रति आलोचनात्मक तथा पूर्णत: किसान चेतना से युक्त दिखाई पड़ता है। इन तीनों प्रवृत्तियों को तत्कालीन 'कृषक राष्ट्रवाद' के रूप में देखा जाना चाहिए। जहाँ तक जमींदार विरोध का प्रश्न है, यह पूरी लोक कविता जमींदार विरोधी तथा कृषक हितों की सजग चेतना से युक्त है। अवतारवाद, दैववाद, भाग्यवाद के प्रति कवि कैलाश की दारुण आलोचनात्मकता देखिए :

"सुनिला अनाथन के, दीनानाथ साथ देले
तोरा साथ काहे नहीं, देसु हो किसनऊ।"[39]

यह आलोचनात्मकता एक कृषक चेतना के सतत अनुभव से पैदा हुई है। इसीलिए इनका स्वरूप तत्कालीन बौद्धिकों की योजनाबद्ध आलोचनात्मकता से भिन्न है।[40] इन लोकगीतों को कांग्रेस प्रचार का अस्त्र बनाते हुए कवि कैलाश के समर्थन-विरोध का सम्पूर्ण तर्क जमींदार विरोध और उपनिवेशवाद विरोध से जुड़ा हुआ है।

इस समानान्तर राजनीति की एक और विशिष्टता उल्लेखनीय है। कवि जी जिस गाँव में सभा लगाते थे, वहीं रात में लिट्टी बनाकर खाते थे। उनके लिट्टी के लिए आटा चमार से लेकर ब्राह्मण हरेक घर से थोड़ा-थोड़ा ही माँगकर आता था। वे कभी भी एक घर या दो घर के आटे की लिट्टी नहीं खाते थे।[41] यह प्रतीकात्मक कृत्य दो तथ्यों को स्पष्ट करता है। एक तो वे उक्त गाँव के अभिजन को कोई भी अतिरिक्त महत्त्व नहीं देना चाहते थे। दूसरे, इसके माध्यम से सबको अपने में, अपने को सबमें रूपायित करना चाहते थे। जातिवाद की सीमाएँ उसके प्रसार को रोक नहीं पाती थीं।

प्रभाव की भाषा और भाषा का प्रभाव : कवि कैलाश की लोकप्रियता

कवि कैलाश अपने क्षेत्र में अत्यन्त लोकप्रिय थे। उनकी लोकप्रियता के सम्बन्ध में पीरो प्रखंड के कार्यकर्ता रामजियावन पांडेय का शाहाबाद जिला कमेटी के मन्त्री को लिखा पत्र यहाँ उद्धृत करने योग्य है, "मन्त्री जी! कवि कैलाश के रिस के कम करहीं पड़ी। उनका के नाराज करके राजेन्दर बाबू के सभा इहाँ हमनी के ठीक से नइखी जा कर सकत। एने सभा शुरू हुई, ओने सभा के दोसरा देने खँझड़ी लेके गीत गावे लगी है।"[42]

(मन्त्री जी ! कवि कैलाश के गुस्से को कम करना ही पड़ेगा। उनको नाराज करके राजेन्द्र बाबू की सभा हम लोग नहीं कर सकते। इधर सभा प्रारम्भ होगी-उधर वे खँझड़ी लेकर गीत गाने लगेंगे।)

उनकी लोकप्रियता के सम्बन्ध में उनके जीवनी-लेखक यमुनाप्रसाद उपाध्याय लिखते हैं—"दिन-रात, गाँव-गाँव घूमकर आप कांग्रेसी उम्मीदवारों का प्रचार करते थे और मैं तो कहूँगा आपके इन लोकगीतों का प्रभाव इन अशिक्षित ग्रामीणों पर जैसा पड़ा, वैसा महामना पंडित मदनमोहन मालवीय के तथा पं. जवाहरलाल नेहरू के सारगर्भित तथा गम्भीर भाषणों का नहीं जान पड़ता था।"[43]

कवि कैलाश की लोकप्रियता के विकास में उनकी लोक-छवि महत्त्वपूर्ण थी। वे सदैव कन्धे पर गमछा और माथे पर मुरेठा बाँधते। किसानों की आवश्यकता एवं साहस का प्रतीक डंडा लेकर चलते।[44] भाषण देते समय भी डंडा भाँज-भाँजकर बातें करते।[45] जन-सम्पर्क के समय उनका गाँवों में रात बिताना, वहीं लिट्टी लगाकर खाना, सामूहिकता को बढ़ावा देना इत्यादि लोकप्रतीकों के प्रयोग ने भी उनकी लोकप्रियता की वृद्धि में सहायता की होगी।

कवि जी ने अपने संघर्ष में गाँधीवादी प्रतीकों का उपयोग भी किया किन्तु उन्होंने इसे पुनर्निर्मित एवं पुनर्रचित किया, यथा-खादी पहनना, माथे पर टोपी नहीं, मुरेठा बाँधना। साबरमती आश्रम का प्रतीक उनके लोकपर्यावरण में आकर कैलाश नर्सरी के रूप में परिवर्तित हो गया।

कवि कैलाश ने संघर्ष के कई लोक तकनीकों का भी विकास किया। उन्होंने आन्दोलन के कई रोचक एवं आकर्षक लोकरूपों का विकास

किया। उन्होंने 'रेलगाड़ी को बैलगाड़ी'[46] बनाओ का अभियान चलाया। उनके निर्देश पर क्रान्तिकारी तिरंगा लेकर रेलगाड़ी के इंजन पर चढ़ जाते, जहाँ कहीं पब्लिक को चढ़ना-उतरना हो, वे तिरंगा लहरा देते तो क्रान्तिकारी रेलगाड़ी रुकवा देते। तिरंगा देखते ही रेलगाड़ी रोक देना आम बात हो गई थी।[47] इसके द्वारा वे एक ओर ब्रितानी उपनिवेशवाद को अनुपयोगी सिद्ध करते, दूसरी ओर अपनी प्रासंगिकता स्पष्ट करते थे।

1942 के आन्दोलन में उनके निर्देश पर कोर्ट-कचहरी में जाकर लड़के जज-कलक्टर बनकर ऑफिस चलाते।[48]

सड़कों पर पेड़ काटकर डाल दिये जाते जिससे अंग्रेजी फौज उनसे न आ-जा सके।

कैलाश नर्सरी में क्रान्तिकारियों का दल बैठा होता। उनमें से जो दल वहाँ का लिट्टी खाता, वही उस दिन सबसे क्रान्तिकारी और हिम्मती कार्य करने का उत्तरदायित्व उठाता। जीवनी-लेखक यमुनाप्रसाद उपाध्याय लिखते हैं कि एक रात मुझे भी उस आश्रम से धमार के पास पुल तोड़नेवाले दल में कार्य करने का सौभाग्य मिला था।[49] उनके नेतृत्व में पोस्ट ऑफिस तथा रेलवे के लाखों लाख टिकट या तो फाड़ दिये जाते या आम पब्लिक को बाँट दिये जाते।[50]

कवि कैलाश ने एक अत्यन्त सशक्त प्रभाव की भाषा का विकास किया था। इसके लिए लोकभाषा में तुक्कड़ियों एवं लोकगीतों का व्यापक रूप से 'जन लामबन्दी' (जन संगठन) के लिए उपयोग किया। या यूँ कहें उनके पास संघर्ष के लिए सबसे महत्त्वपूर्ण अस्त्र के रूप में वे तुक्कड़ियाँ तथा लोकगीत ही थे। वे अपनी राय, अपना दर्शन, अपना सिद्धान्त तुक्कड़ियों में ही व्यक्त करते थे। उनकी तुकबन्दियों के लोकप्रिय होने का कारण यह भी है कि लोकमन को तुकबन्दियाँ अत्यन्त प्रिय एवं स्मृतियों में बैठ जाने योग्य होती हैं। इसका कारण यह है कि एक तो ये अत्यन्त सरल होती हैं, दूसरे उनमें कठिन बिम्ब नहीं होते। उन्होंने जन-भाषा में अपनी राजनीति का प्रचार किया। उन्होंने लोकमुहावरे का अत्यन्त चतुराई से प्रयोग किया। एक बार वे युवकों की सभा में भाषण

दे रहे थे। उन्होंने कहा कि आप लोग देश के सिपाही हैं। सिपाही माने सिर+पाही, सिर माने दिमाग, पाही माने काम, अर्थात जिसका दिमाग देश के काम में लगा रहे।[51] इसी सिपाही शब्द की व्याख्या उन्होंने अपने को पकड़ने आए भारतीय सिपाहियों के एक दल के मध्य इस प्रकार किया—सिपाही—सिर+पाही माने जिसका दिमाग देश के काम में लगा रहे और आप लोग देशभक्तों को पकड़ रहे हैं, लाठियाँ चला रहे हैं।[52] इस प्रकार उन्होंने अत्यन्त सशक्त तर्कशास्त्र एवं तीव्र प्रभाव माध्यम का विकास कर लिया था।

उन्होंने निरक्षर ग्रामीण जन को समझाने के लिए गँवई और देहाती तथा 'लोकमन के निकट' के प्रतीकों का प्रयोग किया। वे प्रायः जन-सभाओं में भाषण देते हुए एक लोकप्रतीक का उपयोग करते थे—"इ बुढ़वा, हमनी के घर के घीव पी के, खूब मोटा गईलबा। ठीके बा, लेकिन जे खूब घीव पीले रहेला, ओकरा हड्डी पट-पट कर बरसातो में जरेला। एह से अबकी भादों में एकराके फूँक दिआई।"[53] अर्थात, यह बूढ़ा हम लोगों के घर का घी पीकर खूब मोटा हो गया है। खैर, जो घी पीता है उसकी हड्डी आसानी से जलती है। इस बार भादों मास में उसे हम लोग जला देंगे। यहाँ वे बुढ़वा का सम्बोधन अंग्रेजी सरकार के लिए किया करते थे। इस सम्बन्ध में वे एक और लोकप्रतीक व लोकमुहावरे का भी प्रयोग किया करते थे। वे कहा करते थे, "हाथी जइसन विसाल जानवर के सूँड़ में चुँटी घुस जाने पर हाथी मर जाता है तो हम लोग तो छह फुट के आदमी हैं।[54] इस लोकप्रतीक का निहितार्थ है कि हम लोग इस अंग्रेजी उपनिवेशवाद के मृत्यु के कारण बनेंगे। इसके द्वारा वे निरक्षर जनता के समक्ष कार्यकारण के सम्बन्ध में प्राप्त परिणाम की भी व्यवस्था करने में सफल होते थे।

अंग्रेजी साम्राज्य के विरुद्ध उनकी स्त्रात्जिक समझ कितनी परिपक्व थी, इसका उदाहरण द्रष्टव्य है—वे एक लोककथा गढ़ते थे कि एगो राकस रहे, ओकर जान बसत रहे ओकरे टेट में, ओसहीं इ गोरवन के जान, एहनी के धन में बसेला, एह से पहिले सरकारी धन बर्बाद कईल जाए।[55] अर्थात, एक राक्षस था, जिसकी जान उसके टेट (कमर में धोती का सिरा जिसमें रुपया

बाँधा जाता था) में बसती थी, उसी तरह इन अंग्रेजों के प्राण इनके धन में बसते हैं। इसीलिए पहले इसी को बरबाद किया जाए।

वे निरक्षर लोक को हिम्मत बँधाने के लिए एक मुहावरा रचते थे :

पेड़ उपर से ओतना मोटा देखात बा
बाकि भीतर से खोखर बाऽ।[56]

अर्थात, पेड़ ऊपर से उतना मोटा दिखता है, पर भीतर से खोखला है। इसका निहितार्थ यह प्रस्तावित किया जा सकता है कि औपनिवेशिक भयावहता से डरो मत। वह अपने अन्तर में शक्तिहीन एवं खोखला है। इसे एक धक्का मारिए। इस प्रकार इन मुहावरों से वे उपनिवेशवाद विरोधी एक प्रकार का आवाहन भी किया करते थे।

इस प्रकार वे अंग्रेजी साम्राज्य के प्रतीक के रूप में घी पीता बूढ़ा, हाथी, राक्षस, मोटा पेड़ जैसे लोकसमाज के अत्यन्त निकट के प्रतीक उठाते थे। उन्होंने धार्मिक प्रतीकों का प्रयोग न के बराबर किया। जबकि कपिल कुमार के अध्ययन किसान विद्रोह, कांग्रेस और अंग्रेजी राज्य (अवध 1886-1922) से स्पष्ट होता है कि उसी समय खंड में अवध में किसानों के मध्य उपनिवेशवाद विरोधी संघर्ष को तीव्र करने के लिए बाबा रामचन्द्र धार्मिक प्रतीकों का मुख्य रूप से प्रयोग कर रहे थे। बाबा रामचन्द्र प्राय: "राज समाज विराजत रूरे। रामचन्द्र, सहदेव झिगूरे", "अब मोहि भा भरोस हनुमन्ता, बिनु हरिकृपा मिलहिं नहिं सन्ता" जैसे धार्मिक प्रतीकों को राष्ट्रीय आन्दोलन में सम्मिलित कर रहे थे।[57] सम्भवत: ऐसा कवि कैलाश के मूल रूप से कृषक होने से सम्भव हुआ हो। वे खेती किसानी से जुड़े थे, अत: उस जीवन से सीधे जुड़े बिम्ब उनकी अन्त:चेतना में रहे हों। कृषक जीवन की वाणी का व्यापक भाग जीवनोपयोगी एवं धर्मनिरपेक्ष है। घाघ और भड्डरी की कहावतों—जो सम्पूर्ण कृषक जीवन में छाए हुए हैं—में कहीं भी धार्मिक बिम्बों का प्रयोग नहीं है। लोकमुहावरों का व्यापक अंश धर्मनिरपेक्ष तथ्यों एवं बिम्बों से रचा गया है। सम्भवत: कवि कैलाश की चेतना में कृषक जीवन की वाणी का प्रभाव अधिक हो फिर कवि कैलाश महान परम्परा से न जुड़े होकर लोक की लघु-परम्परा व द्वितीय परम्परा से जुड़े थे जहाँ 'राम' एवं स्थापित धार्मिक बिम्ब के

प्रति एक कटाव भी दिखाई पड़ता है। फिर उन्होंने जिस प्रकार अंग्रेजी साम्राज्यवाद के इतने जटिल चरित्र को इन सहज प्रतीकों के माध्यम से इतना खोलकर और स्पष्ट ढंग से आम जनता को समझा दिया, शायद धार्मिक बिम्बों में यह कार्य उन्हें कठिन लगा हो। किसी 'गँवई' के लिए रस्सी, हाथी इत्यादि अत्यन्त मूर्त बिम्ब हैं। कवि कैलाश प्रतीकों के प्रयोग में 'अमूर्तता' से भी बचते दिखाई पड़ते हैं। दैवीय अमूर्तता से उन्होंने चेतन और अवचेतन ढंग से बचने का प्रयास किया है। वास्तव में उनके प्रतीक भारतीय लोक की धर्म निरपेक्षता के निकट हैं। यहाँ धर्म निरपेक्षता शब्द का प्रयोग हमारी मजबूरी है क्योंकि इस प्रवृत्ति के लिए वर्तमान में हम सबके पास कोई और शब्द नहीं है।

उन्होंने सदैव जनोपयोगी प्रतीकों का प्रयोग किया। उनकी एक प्रसिद्ध लोकोक्ति है :

"लाट ना हवन स, हवन स लाठा।
एहनी के फूँक के पकावल जाई भाठा
आउर ओहि से नवा घर बनावल जाई।"[58]

यहाँ उन्होंने कितने सहज ढंग से लाट साहबों को—जिनका सूर्य डूबता ही नहीं था—लकड़ी का लाठ बना दिया और लोक को समझाया कि इनको जलाकर ईंट का भट्ठा बनाया जाएगा तथा पकी हुई ईंटों से नया घर बनाया जाएगा। इस सम्पूर्ण लोक रूपक में एक तार्किक अन्विति भी है जो लाट के पतन से नए घर के निर्माण तक जुड़ा हुआ है। इस प्रकार उनकी भाषा का प्रभाव लोकमन से विशाल अंग्रेजी साम्राज्य का भय दूर कर देता था। वहाँ क्या भय जहाँ लाट, लाठा बन जाए, जहाँ पता हो कि राक्षस की जान उसके 'मनी बैग' में बसती है। जहाँ उसकी भयावहता अधिक से अधिक उस बूढ़े आदमी की भयावहता है जिसने घी पी रखा है। या उस हाथी की तरह जिसे मारने के लिए चींटी ही काफी है।

इस प्रकार कवि कैलाश को लोकमनोविज्ञान की गहरी पकड़ थी। लोक माध्यम की अपनी भाषा, अपनी शब्दावली होती है, जो हमारे नागर-बोध से भिन्न होती है। कवि कैलाश प्राय: अंग्रेजों को 'गोरा' कहा करते थे। गोरा 'शब्द' अपढ़, निरक्षर, अत्यन्त दूरस्थ प्रदेशों में रहनेवाले

भारतीयों के समक्ष ज्यादा शीघ्र मूर्तमान हो जानेवाला शब्द है। अंग्रेज शब्द थोड़ा अमूर्त है।

इस प्रकार कवि कैलाश की लोकप्रियता में जिस प्रभाव की भाषा का उन्होंने उपयोग किया, उसके प्रभाव ने महत्त्वपूर्ण भूमिका निभाई।

सन्दर्भ

1. अभिजन राष्ट्रवाद की प्रवृत्तियों के अध्ययन के लिए सबॉल्टर्न इतिहासकारों के शोधकार्य ही मुख्य उपादान हैं
2. संयुक्त प्रान्त में सविनय अवज्ञा सम्बन्धी डॉ. ज्ञानेन्द्र पांडेय के शोध प्रबन्ध में ग्रामीण राष्ट्रवाद के इस रूप पर जोर दिया गया है
3. द एसेंडेन्सी ऑफ कांग्रेस इन यू. पी. (ओ. यू. पी.) ज्ञानेन्द्र पांडेय तथा कपिल कुमार का 'द पिजेंट इन रिवोपेल्ट (मनोहर)
4. अमर शहीद कवि कैलाश —ले. यमुनाप्रसाद उपाध्याय, संसार प्रेस, गोपाली कुआँ, आरा, पृष्ठ 3
5. ओरल हिस्ट्री, कैसेट नं. K-1 के ध्वन्यांकित संकलन से
6. वही
7. अमर शहीद कवि कैलाश—ले. यमुनाप्रसाद उपाध्याय, संसार प्रेस, गोपाली कुआँ, आरा, पृष्ठ 4
8. वही
9. 'अमर शहीद कवि कैलाश' पुस्तक में यमुनाप्रसाद उपाध्याय द्वारा उद्धृत
10. वही
11. वही
12. वही
13. कवि कैलाश के मित्र स्वतन्त्रता सेनानी तथा वर्तमान में कम्युनिस्ट पार्टी से सम्बद्ध जवाहर प्रसाद के साक्षात्कार कैसेट नं. K-1 में ध्वन्यांकित
14. वही
15. द एसेंडेन्सी ऑफ कांग्रेस इन यू. पी. ए. स्टडी ऑफ इम्परफेक्ट मॉबिलाइजेशन (ओ. यू.पी.), प्रो. ज्ञानेन्द्र पांडेय सबॉल्टर्न स्टडीज—समस्त खंड (ओ. यू. पी.) सम्पादक रणजीत गुहा एवं कपिल कुमार का अध्ययन किसान विद्रोह, कांग्रेस और अंग्रेजी राज्य', (मनोहर)
16. संयुक्त प्रान्त में सविनय अवज्ञा सम्बन्धी डॉ. पांडेय के शोध प्रबन्ध में 'ग्रामीण राष्ट्रवाद' के इस दोहरे पक्ष पर बल दिया गया है

17. ओरल हिस्ट्री, कैसेट नं. K-1
18. वही
19. अमर शहीद कवि कैलाश-ले. यमुनाप्रसाद उपाध्याय, पृष्ठ 28
20. ओरल हिस्ट्री, कैसेट नं. K-2 में जिले के प्रसिद्ध कांग्रेसी नेता रामनरेश त्रिपाठी का साक्षात्कार जिन्होंने उन्हें कांग्रेस की सदस्यता दी थी
21. श्री कमला जनवरी, 1918 में प्रकाशित पाठक के एक पत्र से स्पष्ट होता है कि उन दिनों जलियाँवाला बाग की घटना के सम्बन्ध में मुँह से मुँह बातें फैल रही थीं। कोई कह रहा था, पूरे पंजाब को अंग्रेजों ने काट डाला। पंजाब के सारे कुओं में भारतीयों की लाशें भरी पड़ी हैं इत्यादि
22. ओरल हिस्ट्री, कैसेट नं. K-2 में जवाहर प्रसाद का संस्मरण
23. अमर शहीद कवि कैलाश-यमुनाप्रसाद उपाध्याय, पृष्ठ 21
24. ओरल हिस्ट्री, कैसेट नं. K-2 में जवाहर प्रसाद का संस्मरण
25. अमर शहीद कवि कैलाश-यमुनाप्रसाद उपाध्याय, पृष्ठ 30
26. वही
27. ओरल हिस्ट्री, कैसेट नं. K-2 में कवि जी के मित्र जवाहर प्रसाद का संस्मरण
28. वही
29. भोजपुर के अमर शहीद, कांग्रेस कार्यालय, शहीद भवन का अप्रकाशित दस्तावेज
30. अमर शहीद कवि कैलाश-यमुनाप्रसाद उपाध्याय, पृष्ठ 32
31. ओरल हिस्ट्री, कैसेट नं. K-2 पर आधारित ।
32. अमर शहीद कवि कैलाश-यमुनाप्रसाद उपाध्याय, पृष्ठ 35
33. वही
34. वही
35. श्री कमला दैनिक अंक 7 में प्रकाशित।
36. अमर शहीद कवि कैलाश-यमुनाप्रसाद उपाध्याय, पृष्ठ 34
37. वही
38. कई भोजपुरी लोकगीतों में ऐसा ही भाव मिलता है पर उनका रचनाकाल तय करना कठिन है। किन्तु उनके प्रतीक एवं भाषा इसी काल में निर्मित प्रतीत होते हैं
39. यही स्वर सांस्कृतिक सन्दर्भ में शिवनारायणी गीत 'हमनी के बेरिया निठुर भइले बनवारी में दिखाई पड़ता है जो 1935 तक आते-आते लोक जगत में राजनीतिक सन्दर्भ ग्रहण करता प्रतीत होता है। 'ओरल हिस्ट्री, कैसेट नं. 5, संकलित, शिवनारायण भजन। संकलन-व्यक्तिगत
40. इस सैद्धान्तिक ढाँचे के निर्माण में तात्त्विक सहायता के लिए ग्राम्शी की कृति

'प्रिज़न नोटबुक' का ऋणी हूँ

41. ओरल हिस्ट्री, कैसेट नं. K-2 से
42. शहीद भवन भोजपुर स्वाधीनता संग्राम कार्यालय में कांग्रेस कार्यकर्ता श्री निझावन पांडेय का जिलामन्त्री शाहाबाद को 3-2-1924 को लिखा पत्र
43. अमर शहीद कवि कैलाश-ले. यमुनाप्रसाद उपाध्याय, पृष्ठ 35
44. वही
45. ओरल हिस्ट्री, कैसेट नं. K-1 से
46. अमर शहीद कवि कैलाश-ले. यमुनाप्रसाद उपाध्याय, पृष्ठ 35
47. ओरल हिस्ट्री, कैसेट नं. K-1 से
48. वही
49. वही
50. वही
51. वही
52. वही
53. वही
54. वही
55. वही
56. वही
57. कपिल कुमार, किसान विद्रोह, कांग्रेस और अंग्रेजी राज्य (मनोहर)
58. ओरल हिस्ट्री, कैसेट नं. K-1 से

षष्ठ अध्याय

निष्कर्ष

इस शोधकार्य में मैंने मुख्य रूप से लोकमन में राष्ट्रवाद के निर्माण की प्रक्रिया को समझने का प्रयास किया है। इसमें हिन्दी साहित्य में राष्ट्रवाद की अभिव्यक्ति का अध्ययन कर हिन्दी क्षेत्र में तत्कालीन विकसित हो रहे 'नव-मध्यवर्ग' की चेतना को भी देखने का प्रयास किया गया है, ताकि इसके माध्यम से नागर-चेतना के कुछ तन्तुओं को भी समझा जा सके तथा नव-मध्यवर्ग की चेतना के समानान्तर तथा उससे पृथक लोकचेतना में उभर रहे राष्ट्रवाद के अन्तर को समझा जा सके।

भारत में राष्ट्रवाद का इतिहास रचने के लिए आधुनिक भारत के शोधकर्ताओं ने अनेक प्रयास किए हैं। यह उसी श्रृंखला में एक लघु कड़ी है, जिसमें भारत में राष्ट्रवाद के इतिहास की व्यापकता एवं गहराई की प्राप्ति के लिए अनेक तकनीकों का प्रयोग किया गया है। इसमें अन्तःअनुशासनिक प्रवाह का उपयोग करते हुए भारतीय राष्ट्रवाद की इथनोग्राफी विकसित करने का प्रयास किया गया है। इसका आधार भारतीय राष्ट्रवाद के रूप की बहुलता एवं उसके बहुवचन पर आधारित है। इसमें लोकसंस्कृति में निहित राष्ट्रवाद (1857-1947) का अध्ययन कर भारतीय राष्ट्रवाद की अनन्त ध्वनियों में से कुछ को सुनने का प्रयास किया गया है। वस्तुतः लोकसंस्कृति अपने निर्माण के दौर में निर्मित करनेवाली शक्तियों की रचनात्मक प्रतिक्रिया होती है। अतः इस संरचना का अध्ययन कर जन-प्रतिक्रियाओं का भी राष्ट्रवाद का इतिहास रचने में उपयोग किया गया है।

इसमें मैंने राष्ट्रवाद के इतिहास के पुनर्निर्माण में राजनीतिक, सामाजिक, आर्थिक उपादानों से भिन्न सांस्कृतिक उपादानों का प्रयोग करने का प्रयास भी किया है।

इसके प्रथम अध्याय में 'राष्ट्रवाद' के प्रमेय को समझने का प्रयास करते हुए मैंने यह समझा है कि अभी तक भारतीय राष्ट्रवाद का इतिहास अपूर्ण है। राष्ट्रीय संचेतना की अनेक तहें अभी छुपी हुई हैं। इन तहों को उद्घाटित किए बिना हम भारत में राष्ट्रवाद के इतिहास की अनन्तता को नहीं समझ सकते।

द्वितीय अध्याय में 19वीं और 20वीं शताब्दी में उद्भूत हुए हिन्दी बौद्धिक वर्ग की चेतना को समझने का प्रयास किया गया है। इस प्रयास की प्रक्रिया में मैंने समझा है कि हिन्दी बौद्धिक वर्ग की राष्ट्रवादी चेतना में अनेक अन्तर्विरोध हैं। ये अन्तर्विरोध उनके भूत एवं उनके वर्तमान के अन्तर्विरोधी संवाद की प्रक्रिया से उभरे हैं। इसके लिए इन बौद्धिकों की चेतना के निर्माण की नागर-पद्धति भी जिम्मेदार है। इनका तत्कालीन विकासमान नव-मध्यवर्गीय स्वरूप, जो पाश्चात्य प्रभाव के द्वन्द्व में उभरा भी था, इन अन्तर्विरोध का जनक कारक था। इन द्वन्द्वों, अन्तर्विरोधों तथा ऊहापोहों को हम उनके राष्ट्र की अवधारणा, हिन्दू-मुसलिम सम्बन्धों पर उनके दृष्टिकोण में पा सकते हैं। विभिन्न कालों में समय के परिवर्तन के साथ इनकी अवधारणाओं में परिवर्तन को भी हमने रेखांकित किया है।

तृतीय अध्याय 'इतिहास-लेखन और लोकसंस्कृति' में मैंने यह समझा है कि इन छुपी हुई अनेक तहों के उद्घाटन के लिए हमें इतिहास-लेखन की प्रविधि का विकास करना होगा। इतिहास-लेखन की प्रविधि का यह विकास लोकसंस्कृति, लोकसाहित्य के अजस्र स्रोत सामग्रियों के सार्थक उपयोग की दिशा में ही करना श्रेयस्कर होगा। इतिहास-लेखन के लोक स्रोतों का उपयोग किए बिना हम भारतीय राष्ट्रवाद के लोकस्वरूप का अध्ययन करने में सफल नहीं होंगे। इस अध्ययन में मैंने इतिहास-लेखन में लोकसंस्कृति के स्रोतों, उसकी अन्त:ध्वनियों की आवश्यकता को महसूस करते हुए लोकसंस्कृति में छुपे इतिहास का अध्ययन करने के लिए एक प्रविधि विकसित करने का प्रयास भी किया है। इस प्रविधि (तकनीक) की मूल चिन्ता लोकमानसिकता में प्रवेश की रही है। इस सन्दर्भ में फ्रान्सीसी इतिहासकार इवेजिन वेबर 'लोकमन' में प्रवेश करने के लिए लोकगीतों, नाटकों, कहावतों, मुहावरों, लोककथाओं के अध्ययन को आवश्यक मानते हैं।[1]

बाद के तीन अध्याय तीन लोककवियों एवं लोकनायकों-सुखदेव भगत, निर्धिनराम तथा कवि कैलाश पर केन्द्रित हैं। इनके माध्यम से मैंने (1857-1900), (1900-1920), (1920-1947) तक की लोकसंस्कृति में राष्ट्रवादी प्रवृत्तियों को उद्घाटित करने का क्रमिक प्रयास किया है। कवि कैलाश जो 1942 ई. में शहीद हो गए यहाँ की स्थानीय चेतना में इनके शहादत की गूँज बाद के वर्षों में भी गूँजती रही।

1857-1900 ई. के कालखंड में लोकसंचेतना एवं लोकक्षमता की रचना की प्रक्रिया दिखाई पड़ती है। यह रचना नई औपनिवेशिक स्थितियों एवं अनुभवों का सामना करने के लिए लोकचेतना का स्वयं के निर्माण की प्रक्रिया से जुड़ा हुआ था। इसी कालखंड के लोकइतिहास में नागर पुनर्जागरण या यों कहें मध्यवर्गीय पुनर्जागरण से भिन्न लोकपुनर्जागरण का स्वरूप भी दिखाई पड़ता है। जो प्राक औपनिवेशिक काल से ही चले आ रहे लोकसंज्ञान के नैरन्तर्य एवं परिवर्तन से जुड़ा हुआ था। निश्चित रूप से लोक जागरूकता मात्र ब्रितानी उपनिवेशवाद एवं पश्चिमी सभ्यता के प्रभाव में ही विकसित नहीं हुई थी, बल्कि उसमें लोकचेतना की स्वत:स्फूर्तता एक प्रमुख कारक थी। इसी अध्याय में मैंने लोक में भी निम्नवर्गीय चेतना की अवस्थिति को रेखांकित किया है।

1900-1920 के इस कालखंड में, जो इस शोध अध्ययन में निर्धिनराम पर आधारित है, मैंने राष्ट्रवाद के इस उभार के दौर में एक संवेदनशील अछूत के राष्ट्रवाद का अध्ययन करने का प्रयास किया है। इस प्रयास के क्रम में मैंने समझा है कि सम्पूर्ण राष्ट्रवादी संघर्ष से जुड़े होने के पश्चात भी उस समय भोजपुरी प्रदेश के इस संवेदनशील अछूत का राष्ट्रवाद अपने मूल में तत्कालीन समाज में अपनी अछूत स्थिति की मुक्ति से जुड़ा हुआ था। इस क्रम में यह भी देखने को मिला है कि तत्कालीन भारतीय अभिजात नेतृत्व संवर्ग ने अछूतों को अपने को अभिव्यक्त करने के लिए उपयुक्त तथा प्रतिष्ठापूर्ण स्थान नहीं दिया।

1920-47 तक का कालखंड, कवि कैलाश के लोकनायकत्व पर केन्द्रित है। इसमें मुख्य रूप से कवि कैलाश के लोकनायकत्व के विकास की प्रक्रिया का अध्ययन किया गया है। स्थानीय नेतृत्व तथा राष्ट्रीय

नेतृत्व के सम्पर्कों के ढाँचे का भी इसमें अवलोकन किया गया है। कई आधुनिक शोधों से भी यह तथ्य पुष्ट होता है कि राष्ट्रीय आन्दोलन में राष्ट्रीय नेतृत्व के समानान्तर स्थानीय नेतृत्व का विकास हुआ था। कुछ सन्दर्भों में यह नेतृत्व राष्ट्रीय नेतृत्व के स्थानीय अनुकरण से उत्पन्न हुआ था और कुछ सन्दर्भों में यह मूलतः स्वतःस्फूर्त राष्ट्रीय नेतृत्व के बिना किसी सीधे सम्बन्ध के उत्पन्न हुआ था। हालाँकि दोनों सन्दर्भों में, एक में अनुकरण होते हुए भी स्थानीयता के सम्मिश्रण के इसमें नए रंग थे। दूसरे में स्वतःस्फूर्त होते हुए भी यह राष्ट्रीय नेतृत्व की छवियों का कहीं-न-कहीं मौलिक रूपान्तरण से जुड़ा हुआ था।[2] इस प्रकार इस शोध अध्ययन में मैंने लोकनेतृत्व के ढाँचे की स्वतःस्फूर्तता, साथ ही साथ राष्ट्रीय नेतृत्व से उसके सम्पर्क के स्वरूप को समझने का प्रयास किया है। इसमें मैंने लोकनेतृत्व तथा राष्ट्रीय-नेतृत्व के सम्बन्धों की द्वन्द्वात्मकता के लक्षण भी पाए हैं।

इस प्रकार यह शोध अध्ययन भोजपुरी क्षेत्र की लोकसंस्कृति में राष्ट्रवाद के स्वरूप को समझने का एक विनम्र प्रयास है।

सन्दर्भ

1. इमेजिन वेबर का नवीन अध्ययन, पीजेंट्स इन फ्रेंच मैन-द मॉडर्नाइजेशन ऑफ मॉडर्न फ्रान्स (1870-1914) स्टेनफॉर्ड, स्टेनफॉर्ड यूनि. प्रेस
2. संयुक्त प्रान्त में सविनय अवज्ञा सम्बन्धी डॉ. ज्ञानेन्द्र पांडेय के शोध प्रबन्ध में 'ग्रामीण राष्ट्रवाद' के इस दोहरे पक्ष पर बल दिया गया है

परिशिष्ट

कुँवर सिंह सम्बन्धी लोकगीत

[पूरे भोजपुर क्षेत्र में वीर कुँवर सिंह के शौर्यपूर्ण कार्यों के बारे में लोकगीत गाए जाते हैं, जिनमें से कुछ को संकलित किया गया है:]

[1]

गाँवन-गाँवन में डुग्गी बाजल, बाबू के फिरल दुहाई-
लोहा चबावई के नेवता बा, सब साज आपन दल बादल।
बा जान गँवावई के नेवता, चूड़ी फोरवावई के नेवता।
सिन्दूर पोंछवावई के नेवता, बा राँड़ कहवावई के नेवता।
जेई हो हमार ते माथ देई, जेई हो हमार से साथ देई।
बा इहाँ न मौका समझई के, बा इहाँ न मौका बूझईके,
कीतो फेरौ नेवता हमार, की तो तइयार हो जूझईके।

[2]

चिट्ठिया जे लिखि-लिखि भेले कुँवर सिंह
सुनहु अमर सिंह भाई हो मोर।
बाबू अमर सिंह बाबू कुँवर सिंह
दुनो जने हवे अपने ही भाई।
चरबी के टोटवा दाँत से कटवाबे ला
छतरी का जात नसावे ला हो भाई।
बात के खातिर बाबू कुँवर सिंह
ले लें फिरंगिया से रार हो भाई।

[3]

देख दानापुर में होवे ला लड़इया, सुनसुन मोर भइया हो ना।
कूद-कूद के बाबू कुँवर सिंह, तेगा जेज चलावे ना।
गाजर-मूरी सन काट-काट, दुश्मन के मार भगावै ना।

समर में निःशंक बंक बाकुरा विराजमान
सिंह के समान सोहे सेना बीच निज दल के।
कमर में कटार सोहे-कारवाँ से बात करे
उछल-उछल सिर काटे, बाहु शत्रु दल के।
बायें हाथ मोछन पर ताब देत बार-बार
दाहिना शमशेर बाँके विजयी सम चमके।
कहे कवि गंगा जगदीशपुरी कुँवर सिंह
जाको तलवार देखि गोरन भागे दल-दल के।

सिंह बनी सुरमा, सुनान सहजादा जी के।
सिक्ख मन्दरासीन को गुमान गर्व टूट गये।
किन्ही घमसान बाबू कुँवर सिंह मैदान बीच
मारे मरदान सारे लाटन को लूट गये।

खपाखप छुरी चले, छपाछप मूरी कटे
टपकत सोनित के, नदी धार बहल नूँ।
चमके उज्जैना नेता, तीर बन दुधारी नेगा।
सैन वीर कुँवर सिरीमन ललकारन नूँ।
इन्द्र डर भागे गैल, यमराज दौड़ परल
खप्पर लेई डाकिनी नाचे नाच लागल नूँ।
झूमत कुँवर सिंह वीर बाँका रन बीच जैसे
हाथि कद काँपि सिंह डाँकि फाँकि बइठल नूँ।
देख-देख बाबू के बयजन्ती फहरात बा,
बक्सर के मैदान में तेगा चमचमात बा।
बिगुली फुँकात बा, हर-हर के पुकार बा।

देख-देख बाबू के बयजन्ती फहरात बा,
सिर कटे, देह कटे, शत्रु बिलबिलात बा,
बाबू जी सेना में हरख के पुकार बा।
जय दुर्गा, जय बाबू जी के बोलिया सुनात बा,
बक्सर के मैदान बीच झंडा अब गहरात बा।

[4]

बाबू कुँवर सिंह तोहरी राज्य बिनू, अब न रँगइबो केसरिया।
इतने अइले घेरि फिरंगिया, उतते कुँवर दुई भाइ हो।
गोला बारूद के वले पिचकारी, बीचवा में होत लड़ाई।
बाबू कुँवर सिंह तोहरे राज्य बिनू,
हम न रँगइबो केसरिया।

बाबू कुँवर सिंह तेगवा बहादुर, कोठवा पर उड़त अबीर-हरे, लाल।
कोठवा पर उड़त अबीर।
अहो बाबू, अहो बाबू कुँवर सिंह तेगवा बहादुर
कोठवा पर उड़त अबीर।

[5]

अब छोड़ रे फिरंगिया हमार देसवा,
लूट पाट केइले तुहूँ मजवा उड़वले—
जागल लाल अब, जागल बा ललनवा—
अब छोड़ दे सुदेसवा सुन रे फिरंगिया—
कइलस देस पर जुलूस जोर फिरंगिया—
जुलुम कहानी सुनि तड़पे कुँवर सिंह।
बन के लुटेरा उतरल फौज फिरंगिया।
सहर गाँव लूटि फूँकि, दिहलस फिरंगिया।
सुन-सुन कुँवर के हिरदय लागल अगिया
नंगी तलवार ले गरजे कुँवर सिंह
सुमर भवानी कुँवर उतरे मैदनवाँ

देखिके फिरंगियन के काँपे लागल तनवाँ—
गाजर मूरी अस लगले काटे उ कुँवर सिंह।

तोइका देबो इनाम देबो
तोके राजा बनाइब रे।
बाबू कुँवर सिंह भेजेले सनेसवा—
मौसे ना चली चतुराई, रे।
जब तक प्रान रही तन भीतर
मारनन नाहीं बदलाई रे।

बाबू कुँवर सिंह पश्चिम से जब चलले।
पटना में डेरा गिरवले ना।
लोहा के जामा सिअवले कुँवर सिंह।
लम्मन बंद लगवले ना।
ढाल तरुवरियाँ के कवन ठिकाना—
गोली दरजनवाँ खाये ना।
ओहि दिन सँगवा उनकर केहूना दीहल—
जगदीशपुर ना होईत फिरंगिया राज।

बबुआ, ओहि दिन कुँवर ले ले तरुवरिया हो ना।
बबुआ, धनवा धरम आबरू मइया पर ना।
बबुआ विधवा ओ रॉड़ि के पिरतिया पर ना।
बबुआ भाई ओ बहिनिया की, इजतिया पर ना।
बबुआ बाप अबरू दादा के किरितिया पर ना।
बबुआ आइल रहे विपति के घरिया पर ना।

[6]

भर भोजपुर कुँवर बिरजले, रीवाँ सरनिया नू।
हाट बजरिया कुँवर बिसारे, के कहत सब गुनवा नू।
भोजपुर में डुमराव बसेला, ऊहो बाड़े फिरंगिये नू।
सब विसेन मिलि घर में लुकइले, बाबू परेला अकेला नू।

बादल के बीच नव-रवि के प्रताप होला,
वैसे ही प्रताप बा कुँवर सिंह के विजय में।
तोप घहरात, रनडंका के तुमुल दोर,
डूब जात रहे देश-भक्तन के 'जय' में।
नाचत रहे कुँवर-हय मुँह फेन फेंक,
याकि मनु-भाव नाचे भीषण प्रलय में।
बार-बार दौड़ जायँ कुँवर अरि के बीच,
हवे जइसे कहीं भय नाहीं जीवन अभय में।
मुँह फेर के फिरंगी भाग चलले वित्रस्त,
भोर के किरन जब चलल गगन में।
जप-केतु फहरात, घहरात जयघोष,
अरुन किरन नाचे असि झन-झन में।
समाने पड़त लास, फौज में उमंग जोर,
जैसे छिड़ल रन जीवन मरन में।
कह ले कुँवर 'देस भक्तन के जयकार,
एक बार मौत होला मनुज जीवन में।'[1]

—स्वर्गीय हरेन्द्रदेव नारायण : 'कुँवर सिंह' (भोजपुरी महाकाव्य)

[7]

'कुँवर व अम्मर जब कम्मर कसे सम्मर में—
मन में दिगम्बर ले मारे लड़वैये को।
केते शतकोटि निज साहब को खेदि-खेदि—
पीछे तो मारे उन सारे भगवैये को।
नंगी तलवार गहि कहैं वीर अम्मर सिंह—
सारे कलकत्ते को लत्ते फाड़ डालेंगे।
माथ काटि लाट के बेमाथ अंगरेज जेते—
लावा में लपेटि लाट छन में उड़ावेंगे।'

—लोकनाथ तिवारी

[8]

मातु गंग ! तोहरा तरंग पर हमार बाँह अरपित बा

—रामेश्वर सिंह कश्यप

गदर संतावन के
महीना रहे सावन के,
सुराज के लड़ाई में भारत के पहिला सिंह गरजन,
बनल रहे आसमान धरती के दरपन।
नीचे धरती पर रहे गोली सनसनात
घोड़ा भागत हिनहिनात
छूटत चिनगारी रहे टाप के रगड़ से,
खा के महावत के गजबाँक हाथी चिंघारत रहे
तोप के दहाना से दनादन आग बरसे।
मइया से असीस लेके,
तिरिया के पीठ ना देखावे के बचन देके,
जबकि भोजपुरिया जवान,
रख तरहत्थी पर जान,
निकल पड़ले घर-घर से।
गदर संतावन के
महीना रहे सावन के।
ऊपर अकासी में संगर घमासान रहें
जइसे टकरात होय भँइसा जम्हराज के
ढाही मार डकरत होय लड़त ऐरावत से
करिया बदरिया के गरजन घुमड़त रहे
बिजुरी तरवार अस छन-छन चमकत रहे
रकत के फुहार लेखा बरखा झमकत रहे
गोली के बाढ़ लेखा पवन उनचास हनहनात सनकत रहे
परलै के खिरकी खोल मउअत रहे झाँकत
धरती अकास में जे लागल होड़,
ओकरे के आँकत।

बनल रहें आसमान धरती के दरपन
सुराज के लड़ाई में भारत के पहिला सिंह गरजन
गदर संतावन के
महीना रहे सावन के।

[९]

जौना फिरंगिन के राज में
सुरुज रहे चउबिस घंटा चाकरी बजावत,
जौना फिरंगिन के राज में, समुंदर के लहरिया
इसारा पा हुकुम के रहे मुड़ी उठावत गिरावत,
जौना फिरंगिन के जाल में, भारत देस
सोना के चिरई अस वाझल छटपटात रहे,
परदेशी सौदागर के आके कपट चाल में
गँवा के आजादी पछतात रहे,
हाथ मल-मल के रह जात रहे, सूझत न राह रहे
सउसे देस दुख से, विपत से, तबाह रहे,
कि जइसे अचक्के केहू फूँक मार
राख के उड़ा दे अंगारा से
कि जइसे केहू ठोकर मार तूड़ दे चट्टान
राह मिले सदियन से बन्हल रुकल परबत के धारा के
कि जइसे कौनो सूतल बाघ सपना में चिहुँक के दहाड़ उठे
कि जइसे चोट खइला पर गेहुँअन साँप,
छत्तर काढ़ खीसन फुफकार उठे,
कि जइसे मरघट अस सन्नाटा में
बवंडर झपट्टा मार कूद परे
आन्हीं के पाख चढ़ल घूर के पहाड़ उठे
जइसे केहू मुर्दा के टोली में मंन्तर पढ़ फूँके जान
कूद के चिता से जइसे कफ्फन फाड़,
मुर्दा पुकार उठे,

ओइसही कुँवर सिंह, बूढ़ अस्सी साल के
ताल ठोंक अइले मैदान में
लाठी तरवार लेके भिड़ गइलन तोप से
केकरा में साहस रहे उनकर राह रोक ले?
कूद परे जइसे गौरैया झपट बाज पर
दुधमुँहा बाघ जइसे कूदे गजराज पर
एक और फौज अंगरेजी रहे लैस सकल हरबा हथियार से
दोसरा ओर मुट्ठी भर सेना कुँवर सिंह के छटल ललकार के
देश के दीवाना कहूँ तोप से डेराइल हऽ?
छाता तनता से कहूँ आन्हीं रोकइल हऽ?
    फूलन के महक का बगइचा के छंकाइल हऽ?
भोजपुरिया के जगला पर, केहु देखा के आँख
साबुत बाँच जाय, भला कतहूँ सुनाइल हऽ?
कँपनी के पाया डगमगा गइल,
तखत विकटोरिया के काँपल, ताज
भुँइयाँ ढिमिला गइल
गदर संतावन के
महीना रहे सावन के।

[10]

जब चलल शेर भोजपुरी दल, धरती धमक गइल,
दुश्मन के छाती दरक गइल,
सउसे देश में जइसे बिजुरी चमक गइल,
माटी के कनकन में बीर रस छलक गइल,
आजादी के सनेस लेके 'रोटी में कमल के फूल'
    सगरो बँटा गइल,
नगर-नगर, गाँव-गाँव, भारत के
किरिया आजादी के खा के चलल।
छूटल जगदीसपुर, राजमहल, राजपाट,

धनवैभव, सुख-सुविधा दुनिया के किरिया भइल;
सिंह कहूँ सूतेला मखमल के बिछौना पर रेसम के चद्दर तान?
गरुढ़ कहूँ लेला बेसरा भला
    कंचन के कंगूरा ऊँची अटारी पर?
बाज कहूँ खोंता बनावेला चमेली के झाड़ी में?
घोड़ा के पीठे पर रात बीत जात रहे,
भाला के नोंके में गोभ-गोभ लिट्टी सेंकात रहे
अंग्रेजी सेना मात पर मात खात रहे,
    हाथ मलमल के पछतात रहे,
नाँव सुन कुँवर सिंह के,
फिरंगिन के करेजा में दलक अमात रहे,
मुट्ठी भर कुँवर के जमात जइसे सिव के बरात रहे
दुश्मन के छक्का छोड़ावे में,
नहला पर दहला जमावे में,
ना कबहुँ अघात, नही इचिको अगुतात रहे,
मउअत के साथ अँखमुँदउअल के खेल दिन-रात रहे,
अँगरेजी सेना के पसीना छूट जात रहे,
कतनो घेर बन्हला पर कुँवर ना घरात रहे,
आँखिन में धूर झोंक, पारा अस छटक छट जात रहे,
सिक्कर में बवंडर बन्हाइल हऽ?
ताल में चनरमा के परछाहीं
    मछरी के जाल में छनाइल हऽ?
        गदर संतावन के
महीना रहे सावन के।

[11]

देश के जगावत,
फिरंगिन के नाकन से चना चबवावत,
वीर रण बाँकुड़ा कुँवर सिंह,

आवत रहन लवटल जगदीसपुर,
मेरठ, अयोध्या, लखनऊ, आजमगढ़,
गढ़ पर गढ़ फतह करत,
दुश्मन के छाती पर मूँग दरत
बलिया के नियरा, सिवपुर के घाट मिरी
गंगा लौंधे के रहे।
आगे रहीम खाँ, कुँवर सिंह के रिसाला के सिपहसालार
निसान सिंह, सेनापति, निवासी सहसराँव के,
रितुभंजन सिंह बाबू कुँवर सिंह के प्रधानमन्त्री,
रणदलन सिंह, खूफिया दल के नायक वीर
पार कर गइले घाट नाव पर हुकुम पाके।
कुँवर सिंह मौका देख,
गंगा में हाथी, दिहले उतार पाछे से,
सावन के हहरात, लहरात गंगा में
हाथी उतरात बहल जात रहे,
धारा में हाथी जनुक भारथ के नीर भरल
नैनन में, करिया पुतरिया के लेखा बुझात रहे
ओह पार पहुँचे में घरी भर के बात रहे
गदर संतावन के
महीना रहे सावन के।
दोसरा ओर भेदिया से कसहूँ महँक लागल
फिरंगिन के सेना में शोर मचल,
घोड़ा पर जनरल डगलस आ लुगार्ड कप्तान दूनो
पाछे पर ताइलेसऽ सिकारी, कुकुर लेखा टोह लेत,
बालू पर हाथी के पैरन के निसान,
पहचान रहे धोखा देत।
घाट पर मलाह रहन भीमा आ नैकू,
दूनो गरीब बाकी आन पर मरे बाला,
मउअत से भी नाहीं इचिको डरे वाला,

मलाहन के हजारन के इनाम जब डिगा ना सकल,
फिरंगिन के माया जब भोजपुरी जनता के
बाबू कुँवर सिंह के खिलाफ ललचा के बरगला न सकल,
लुगार्ड के तमंचा चलल
गोली झेल सीना पर भीमा जान दे देलस
बाकी फिरंगिन के आपन नाव ना देलस
मैकु पलखत पाके आपन नाव लेके परा गइल
चेतावे के कुँवर सिंह के बीच दरियाव गइल,
हारदाव देके तब डगलस निसाना साध गोली चला देलस
वार करके धोखा से, बहादुरी के नाँव पर
टीका कलंक के लगा देलस,
भारी दगा देलस,
गोली लागल बाँह में, कुँवर सिंह
हाथी से कूद गइले 'जै गंगा' बोल के
मैकू के नाव में,
जेकि बड़ा मौका से नगिचा पहुँच गइल,
ओह पार, जयकार दल में कुँवर सिंह के मच गइल
एह पार, डगलस लुगार्ड
अपना सेना के साथ हाथ मलत रह गइले
कुँवर सिंह पार भइले, मिल गइले साथिन में,
गदर संतावन के
महीना रहे सावन के
आसमान बनत रहे धरती के दरपन,
सुरज के लड़ाई में भारत के पहिला सिंह गरजन
घाट पर आके दहाड़ उठल घाहिल सिंह
"जगदीसपुर फिरंगी के निसानी लेके ना जाइव,
गोली फिरंगी के लागल जीना बाँह में
ऊँ बाँह नाहि रही तन में कुँवर सिंह के
रहीम खाँ! निसान सिंह! रितुभंजन! रणदलन!

केकरा में हिम्मत बा? आगे बढ़ऽ?
खींचऽ तरवार आऊर झटका से, काटदऽ
ऊँ बाँह, जे निसाना बनल दुश्मन के गोली के।
केकरो में दम नइखे?
सब केहू आँखिन में लोर भरके मूड़ी नवा लेलऽ
चेहरा मरहतेया बना लेलऽ
अरे भाई, ई सब ह कीमत आजादी के,
बिना आपना लोहू के धारा बहवले जे मिली आजादी
ऊ कौंधा अस कौंध के बदरी में जुका जाई,
बिना रकत दान के जे आई सुराज
ओकरा दिया के टेम्ह लड़खड़ा जाई,
काल के भँवर में ऊ बुल्ला अस फूट के बिला जाई,
बलिदान नेंव हऽ आजादी के महल के
वीरता के कंचन के कसे के कसौटी हऽ रकत दान,
रहीम खाँ! निसान सिंह! रितुभंजन! रणदलन!
दाया-माया, मोह-छोह नारी के सिंगार हऽ
रकत के फुहार नाहर सूरमा बलिदानी के
दिलग्गी खेलवाड़ हऽ
एब केहू पत्थल के मूरत बनल बाड़ऽ?
आगे बढ़ऽ।
खैर, मत मान हुकुम; तेगा त हमार करी हुकुम उर्दूली ना
कुँवर सिंह के खड़ग कबो आपन धरम भूली ना,
दुविधा न जाने जब निकलेले म्यान से
टूटेले निसान पर जइसे बज्र छटे आसमान से,
हरदम पियासल रहल एकर
धार खाली ना गइल कबों एकर वार।
एतना कह खिंचलन तरवार बाबू कुँवर सिंह
आसमान के बिजुरी फीका परल
लोगन के आँखन चकाचौंध भरल

रोके के हिम्मत अब केकरा रहे?
कुँवर सिंह के कृपान जब मेयान से बहरा गइल,
नागिन अस चक्कर काट हवा में लहरा गइल,
छन भर खातिर सउंसे धरती थरथरा गइल
आसमान घबड़ा गइल,
ऊपर चमकल बिजुरी, नीचे चमकल तेगा
चारों ओर जोत जगमगा गइल
मरलन छेव बाँह गिरल
गंगा के रेती रकत से नहा गइल
धारा फूट गंगा में समा गइल।
    कटल बाँह हाथ में उठा के तब
    आगे बढ़ गंगा के धारा में आके तब
कहलन बाबू कुँवर सिंह- "मातु गंग!
तोहरू तरंग पर हमार बाँह अरपित बा,
जीवन हमार देस खातिर समरपित बा,
इचिके असमंजस ना, बड़ा मन हरखित बा,
अंग-अंग कट जाय, कौनो परवाह ना,
देस के इज्जत बाँचे, इहे एक चाह बा
जबले फिरंगिन के देस से भगाइब ना
चैन नाहीं लेब, सुख पाइब ना।"
एकरा बाद बाँह गिरला गंगा में लुका गइल,
गंगा के लहरिया पर सोनित के घारा से लिखा गइल
अमर कहानी बलिदानी के
बाबू कुँवर सिंह अभिमानी के।
    गदर संतावन के
    महीना रहे सावन के।
सुराज के लड़ाई में भारथ के पहिला सिंह गरजन
बनल रहे आसमान धरती के दरपन।

स्रोत-सूची

(क) लिखित स्रोत सामग्री

1. निर्धिनराम का हस्तलिखित अप्रकाशित रामायण
2. भोजपुरी लोकोक्तियाँ—हिन्दुस्तानी अकादमी, प्रयाग, 1939
3. कवि कैलाश के सम्बन्ध में स्वतन्त्रता सेनानियों के पत्र (अप्रकाशित)
4. अमर शहीद कवि कैलाश, यमुनाप्रसाद उपाध्याय, संसार प्रेस, आरा।

(ख) मौखिक स्रोत (संकलन-व्यक्तिगत)

ओरल फॉक टेल्स, कैसेट नं. 1,2,3
ओरल सेइंग्स, कैसेट नं. 4
ओरल फॉक सांग्स, कैसेट नं. 5

सुखदेव भगत से सम्बन्धित

ओरल हिस्ट्री कैसेट नं- 1, 2, 3, 4, 5, 6, 7, 8 आदि।
इनमें सुखदेव भगत के शिष्यों का संस्मरण, उनके गाँव के कुछ निवासी तथा आसपास के लोगों का साक्षात्कार इत्यादि शामिल है।

निर्धिनराम के सम्बन्ध में

ओरल हिस्ट्री कैसेट नं. N-1, 2, 3, 4,
इसमें निर्धिनराम के परिवारवालों, आसपास के लोगों तथा उनके सम्बन्ध में भोजपुर जिले के जीवित स्वतन्त्रता सेनानियों का साक्षात्कार शामिल है।

कवि कैलाश से सम्बन्धित

ओरल हिस्ट्री कैसेट नं० K-1, 2, 3, 4,
इनमें कवि कैलाश से सम्बन्धित लोकचर्चाओं का संकलन, कवि कैलाश के सम्बन्ध में स्वतन्त्रता सेनानियों का साक्षात्कार, लोकस्मृतियों में जीवित कवि कैलाश की लोकोक्तियाँ, कवित्त एवं गीत इत्यादि शामिल हैं।

सहायक ग्रन्थ (क्रम अंग्रेजी वर्णमाला के आधार पर ही संयोजित है)

बेली सी.ए. लोकल रूट्स ऑफ इंडियन पॉलिटिक्स, इलाहाबाद, 1880-1920 ऑक्सफोर्ड, 1975

बोस, सुभाष, द इंडियन स्ट्रगल, कलकत्ता, 1935

ब्रास, पॉल, लैंग्वेज, रिलिजन एंड पॉलिटिक्स इन नॉर्थ इंडिया, कैम्ब्रिज, 1979

ब्राउन जुडिथ, गाँधी राइज टू पावर इन इंडियन पॉलिटिक्स (1915-22), कैम्ब्रिज, 1972

बॉयड, विलेज फॉक इन इंडिया, 1929

ब्रिगस, जी. डब्ल्यू., द चमार्स, दिल्ली, 1920

चन्द्र, विपन, नेशनलिज़्म एंड कॉलोनियलिज़्म इन मॉडर्न इंडिया, नई दिल्ली, 1966

चन्द्र, सुधीर, द ऑप्रेसिव प्रेजेन्ट, लिट्रेचर एंड सोशल कॉन्शसनेस इन कॉलोनियल इंडिया, ओ.यू.पी., 1992

देसाई, ए. आर., पिजेंट स्ट्रगल्स इन इंडिया, दिल्ली, 1979

—सोशल वैकाग्राउंड ऑफ इंडियन नेशनलिज़्म, बॉम्बे, 1959 दत्त, आर., इंडिया टुडे, बॉम्बे, 1949

धनाग्रे, डी.एन. एग्रेरेरियन मूवमेंट एंड गाँधीयन पॉलिटिक्स, आगरा, 1975

इरिक्सन, इरिक, गाँधीज टुथ, लन्दन, 1970

फिशर, एरनेस्ट, नेशेलिटी ऑफ आर्ट ए—मार्क्सिस्ट एप्रोच, हर्मंड्सवर्थ, 1963

गाँधी, एम.के., द कलेक्टेड वर्क्स ऑफ महात्मा गाँधी, अहमदाबाद, 1965-66

गोपाल एस., जवाहरलाल नेहरू, बॉम्बे, 1975

ग्रेमसी, एंटोनियो, सेलेक्शन फ्रॉम द प्रिजन नोट बुक्स, न्युयार्क, 1979

गुहा, रंजीत, सबॉल्टर्न स्टडीज, 6 खंड, दिल्ली 1982, 1983, 1984, 1985, 1986

एलिमेन्ट्री ऑस्पेक्ट ऑफ पिजेंट इन्सर्जेन्सी—ओ.यू.पी., 1982

ग्रियर्सन, जी.ए., बिहार पिजेंट लाइफ, पटना, 1918

हसन, मुशीरुल, नेशनलिज़्म एंड कॉम्युनल पॉलिटिक्स इन इंडिया 1916-28, दिल्ली, 1979

हेमसाथ, सी.एच., इंडियन नेशनलिज़्म एंड हिन्दू सोशल रिफार्म प्रिन्सटन, 1964

हार्डिमैन, डेविड, पिजेंट नेशनलिस्ट ऑफ गुजरात, खेड़ा डिस्ट्रिक्ट, 1919-34, दिल्ली, 1984

देवी मूवमेंट, सबॉल्टर्न स्टडीज खंड III, दिल्ली

कुमार, कपिल, कांग्रेस एंड क्लासेज, दिल्ली, 1988

कुमार, रवीन्द्र, वेस्टर्न इंडिया इन द नाइनटिंथ सेन्चुरी, लन्दन, 1968—एसेज़ इन द सोशल हिस्ट्री ऑफ मॉडर्न इंडिया, कलकत्ता, 1983

लाफब्रे, जे., द ग्रेट फियर ऑफ 1789—रूरल पैनिक इन रिवोल्यूशनरी फ्रांस, लन्दन, 1973

मजुमदार, आर.सी., ब्रिटिश पैरामाउन्टेन्सी एंड इंडियन रेनॉसॉ, बॉम्बे, 1974

—स्ट्रगल फॉर फ्रीडम, बॉम्बे, 1969

—हिस्ट्री ऑफ फ्रीडम मूवमेन्ट, 3 खंड, कलकत्ता, 1962-63

मित्तल, एम. के., पिजेंट अपराइजिंग्स एंड महात्मा गाँधी इन नॉर्थ बिहार, मेरठ, 1978

मूर, बेरिंगटन, सेशल ओरिजिन्स ऑफ डिक्टेटरशिप एंड डेमोक्रेसी, लंदन, 1967

मेसेलोस, जिम, नेशनलिज़्म ऑन द इंडियन सब कान्टिनेन्ट एन इन्ट्रोडक्टरी हिस्ट्री, मेलबॉर्न, 1972

मेकॉले, बी., इंगलिश एजुकेशन एंड दि ओरजिंस ऑफ इंडियन नेशनलिज़्म, न्यूयॉर्क, 1940

मेकलेन, जे. आर., इंडियन नेशनलिज़्म एंड दि इयरली कांग्रेस, प्रिन्स्टन, 1977

मिश्रा, बी. बी., द इंडियन मिडिल क्लास—देयर ग्रोथ इन मॉडर्न टाइम्स, लन्दन, 1963

मेहरोत्रा, एस.आर., इमर्जेन्स ऑफ इंडियन नेशनल कांग्रेस, दिल्ली, 1971

नारवने, बी.एस., प्रेमचन्द हिज लाइफ एंड वर्क, नई दिल्ली, 1980

पांडे, ज्ञानेन्द्र, द एसेन्डेन्सी ऑफ द कांग्रेस इन यू.पी. 1926-35, दिल्ली, 1978

—रैलिंग राउंड द काऊ सेक्टेरियन स्ट्राइक इन भोजपुर रिजन, 1881-1917, सेंटर फॉर स्टडीज इन सोशल साइंसेज (कलकत्ता, ऑकेजनल पेपर नं. 39, 1981)

पाणिग्रही, डी. एन., वेजिजेट लीडरशिप (बी.एन. पांडेय सम्पादित) लीडरशिप इन साउथ एशिया, नई दिल्ली, 1977

पनिक्कर, के.एम., एशिया एंड वेस्टर्न डॉमिनेन्स, लन्दन, 1959

रंगा, एन.जी., रेवॉल्यूशनरी पिजेंट्स, नई दिल्ली, 1949

रिकॉर, पॉल, हर्मन्युटिक्स एंड दि ह्यूमन साइंसेज, पेरिस, 1981

रुदे, जॉर्ज, दि क्राउड इन फ्रेंच रिवोल्यूशन, ऑक्सफोर्ड, 1972

सरकार, सुमित, मॉडर्न इंडिया, नई दिल्ली, 1983

—ए क्रिटिक ऑफ कॉलोनियल इंडिया, कलकत्ता, 1985

सिद्दिकी, माजिद, एग्रेरेरियन अनरेस्ट इन नॉर्थ इंडिया यू.पी. 1918-22, नई दिल्ली, 1978

श्रीनिवास, एम.एन., सोशल चेन्ज इन मॉडर्न इंडिया, कैलिफोर्निया, 1966

स्टोक, एरिक, पिजेंट एंड द राज, कैम्ब्रिज, 1978

सत्येन्द्र, डॉ., लोक साहित्य विज्ञान, प्रयाग

श्रीवास्तव, एस.एल., फॉक कल्चर एंड ओरलट्रेडिशन (एकॉम्प्रेटिव स्टडीज ऑफ रिजन इन राजस्थान एंड इस्टर्न यू.पी.)

—यूनि. ऑफ, राजस्थान जयपुर, पी.एच.डी. थिसिस, 1960

सिन्हा, सत्यव्रत, भोजपुरी लोकगाथा, हिन्दुस्तानी एकेडमी, 1957

सरन, ए.के., आर्ट एंड रिचुअल एज मेथड ऑफ सोशल कन्ट्रोल एंड प्लैनिंग, इथिक्स, 1952-53, 13

थॉम्पसन, इ.पी., मेकिंग ऑफ द इंगलिश वर्किंग क्लास, लन्दन, 1963

थॉमस, पी., इपिक्स मिथस एंड लिनेन्ड्स ऑफ इंडिया, बॉम्बे, 1961

उपाध्याय, कृष्णदेव, भोजपुरी लोकसंस्कृति, साहित्य सम्मेलन, प्रयाग

—लोकसाहित्य की भूमिका, प्रयाग, 1957

—स्टडीज इन इंडियन फॉक कल्चर, कलकत्ता, 1964

वुल्फ एरिक, पिजेंट वार्स, ऑफ द ट्वेन्टिथ सेन्चुरी, लन्दन, 1971

वर्मा, लालबहादुर, इतिहास के बारे में, प्रकाशन संस्थान, दिल्ली

विलियम, रेमन्ड, कल्चर एंड सोसाइटी, 1730-1950, मिडलसेक्स, 1969

बटुक, वेद प्रकाश, स्टडीज इन इंडिसन फॉक ट्रेडिशन नई दिल्ली, मनोहर, 1979

विद्यार्थी एल.पी. और **गणेश चौबे,** बिहार इन ओकलोर स्टडी, कलकता, इंडियन वलिफ्रेंशस, 1911

लेख

अमीन शाहिद, पिजेंट्स एंड कैप्टिलस्टिस इन नॉदर्न इंडिया, किसान इन द केन कॉमोडिटी इन गोरखपुर इन 1930, प्रकाशित (जर्नल इन पिजेंट स्टडीज, अप्रैल, 1989)

धनाग्रे, डी.एन., सवॉल्टर्न कॉन्शसनेस एंड पॉपुलिज्म, टू एप्रोपेज इन दि स्टडी ऑफ सोशल मूवमेन्ट्स इन इंडिया सोशल साइन्टिस्ट, दिल्ली, 1986

चटर्जी, पार्थ, फॉर इन इंडियन हिस्ट्री ऑफ प्रिजेन्ट स्ट्रगल सोशल साइन्टिस्ट 1986

कुमार, कपिल, किसानों और कांग्रेस के सम्बन्ध साँचा, 1989

पनिक्कर, के.एन., कल्चर एंड आइडियोलॉजी, कन्ट्राडिक्शन इन इन्टेलेक्चुअल ट्रान्सफार्मेशन ऑफ कॉलोनियल सोसाइटी इन इंडिया—इकोनोमिक्स एंड पॉलिटिकल विकली दिसम्बर, 1987

सरकार, सुमित, सामाजिक इतिहास—स्वरूप एवं सम्भावनाएँ—साँचा, 1989

थॉम्पसन, इ.पी., फॉकलोर, एन्थ्रोपोलॉजी एंड सोशल हिस्ट्री—आई.एच.आर. वाल्यूम III, नं. 2. 1977

(च) पत्रिकाएँ

डगर (भोजपुरी पत्रिका), चम्पारण

नोट्स एंड क्वैट्री, लन्दन

न्यूयॉर्क फॉकलोर, न्यूयार्क प्रेस

सम्मेलन पत्रिका, (लोकसंस्कृति अंक), इलाहाबाद

सोशल साइंटिस्ट, दिल्ली

इकॉनोमिक एंड पॉलिटिकल विकली, बॉम्बे

इंडियन हिस्टॉरिकल रिव्यू (आई. एच. आर.), दिल्ली

हिन्दुस्तानी पत्रिका, इलाहाबाद